HISTOIRE
DE L'ADMINISTRATION
DE
LA VILLE DE PARIS,
DE SES REVENUS,

DE SES DÉPENSES DANS LES DIFFÉRENS TEMPS,

Et Aperçu

DES AMÉLIORATIONS QU'ON EST EN DROIT D'ATTENDRE DE SA NOUVELLE
ORGANISATION;

Par Alexandre de LABORDE,

PRÉFET DE LA SEINE EN 1830, PRÉSIDENT DU CONSEIL MUNICIPAL DE PARIS EN 1831.

> Paris a mon cœur, dez mon enfance.
> MONTAIGNE, *Essais*, lib. 3, cap. 2.

Il existe plusieurs histoires de la ville de Paris et un plus
grand nombre de descriptions de ses édifices, mais pas un ou-

vrage consacré spécialement à l'examen de son administration, de l'emploi de ses revenus, de la gestion de ses établissemens publics, de ce qui constitue, en un mot, son *édilité*, et cependant les revenus de cette ville surpassent ceux de plusieurs royaumes réunis, et leur bonne gestion intéresse au plus haut degré tous les citoyens. N'est-il pas singulier qu'au moment même où l'on discute à la chambre des députés les moindres dépenses, à une autre extrémité de la ville, on ordonnance 40, quelquefois 5o millions sans autre contrôle que celui d'hommes très respectables, sans doute, mais qui, nommés par l'autorité, n'ont qu'une faible action sur elle; tandis que, de temps immémorial, ces mêmes magistrats, prévôts des marchands, échevins, conseillers, étaient le produit de l'élection. Doit-on alors s'étonner qu'un grand nombre de réformes salutaires, de projets utiles, d'améliorations importantes n'aient pu se faire jour ou aient été arrêtés par de petites considérations?

Il n'en sera plus ainsi lorsqu'un conseil composé d'hommes éclairés et indépendans, choisis dans chaque arrondissement, viendra faire connaître les besoins généraux et particuliers des habitans, et présentera, pour la ville de Paris, l'image du syndicat social que la chambre des députés offre pour toute la France.

On abordera alors ouvertement, publiquement toutes les questions de haut intérêt, d'une haute portée. On se demandera comment il se fait que la capitale de l'Europe qui renferme le plus de lumières, ou du moins le plus d'institutions consacrées aux sciences, aux arts, aux lettres, au progrès de la civilisation, se trouve au-dessous des moindres villes pour les objets les plus communs d'utilité publique, pour ce qui concerne la salubrité, la circulation, l'éclairage, la propreté; comment il se fait qu'on élève des temples grecs pour servir de chapelle (1), des palais

(1) La Madeleine.

pour loger des bureaux (1); des arcs de triomphe gigantesques hors des murs (2), et que dans l'enceinte même on laisse subsister des quartiers infects, de véritables cloaques où le choléra, l'émeute le vagabondage établissent alternativement leur domicile (3).

Par quelle bizarrerie on fait dépenser à une ville 50 millions pour avoir de l'eau dans toutes ses rues, et pas une goutte dans ses maisons. Comment plusieurs perceptions, et souvent les plus importantes, telles que celles des halles et marchés, essentiellement municipales et d'une gestion facile, se trouvent divisées en trois administrations : le conseil des hospices, la préfecture de la Seine et la préfecture de police; tandis que l'administration des prisons, qui de sa nature doit être divisée pour donner plus de garantie, qui l'*a toujours été* (4), repose en une seule main, la préfecture de police, sans aucun recours, sans aucun appel. On voudra connaître cette gestion indépendante des hospices qui a fait beaucoup de bien, mais à qui il en reste beaucoup à faire, et cette autre plus importante de la police urbaine qui est très bien faite aujourd'hui, mais qui le serait mieux encore, si les passions politiques lui laissaient plus de temps; celle du Mont-de-Piété, des jeux et de la loterie, dont les comptes se rapportent au chapitre du suicide et de la mendicité. Enfin l'ensemble de tous ces intérêts unis, opposés, distincts, qui se pressent et se croisent dans le mécanisme compliqué d'une grande population.

Le but de cet ouvrage est de préparer à la connaissance de ces questions en examinant chaque article séparé du budget des

(1) Le quai d'Orsay.

(2) L'Arc de l'Étoile.

(3) Une partie des 4e, 5e, 7e et 9e arrondissemens.

(4) D'abord entre les deux préfectures, et plus tard avec l'adjonction de la société des prisons, sorte de surveillance bénévole à laquelle des hommes tels que MM. Delessert, d'Aligre, La Rochefoucault, consacraient leur temps, leurs lumières et souvent leur fortune.

recettes et des dépenses actuelles de la ville, ce qui comprend implicitement tous ses intérêts. Ce commentaire sera précédé d'une histoire de l'administration de Paris, dont un extrait a déja paru sous une autre forme (1); il sera terminé par un aperçu des améliorations de tous genres qui seraient désirables, et un recueil des lois, décrets et ordonnances qui ont rapport au département de la Seine.

L'ouvrage formera 2 volumes in-8°, et paraîtra dans le commencement de 1835.

(1) Paris municipe, ou Tableau de l'administration de cette ville dans tous les temps, un volume in-8°, chez Firmin Didot.

Salle d'asyle.

A. PIHAN DE LA FOREST,
IMPRIMEUR DE LA COUR DE CASSATION,
rue des Noyers, n° 67.

PARIS MUNICIPE,

OU

TABLEAU DE L'ADMINISTRATION DE LA VILLE DE PARIS,

DEPUIS LES TEMPS LES PLUS RECULÉS JUSQU'A NOS JOURS.

IMPRIMERIE DE FIRMIN DIDOT FRÈRES,
RUE JACOB, N° 24.

PARIS MUNICIPE,

OU

TABLEAU DE L'ADMINISTRATION

DE LA VILLE DE PARIS,

DEPUIS LES TEMPS LES PLUS RECULÉS JUSQU'A NOS JOURS,

POUR SERVIR A L'EXAMEN DU NOUVEAU PROJET DE LOI MUNICIPALE
POUR LA VILLE DE PARIS.

PAR ALEXANDRE DE LABORDE,

DÉPUTÉ DE LA SEINE.

> « Les peuples nourris à la liberté et à se com-
> « mander à eux-mêmes, estiment toute autre
> « forme de police monstrueuse et contre nature. »
> MONTAIGNE, l. I, c. XXII.

PARIS,

FIRMIN DIDOT FRÈRES, LIBRAIRES,

RUE JACOB, N° 24.

M DCCCXXXIII.

TABLEAU

DE L'ADMINISTRATION

DE LA VILLE DE PARIS,

DEPUIS LES TEMPS LES PLUS RECULÉS JUSQU'A NOS JOURS.

~~~~~~

CHAPITRE PREMIER.

De l'intérêt municipal en général.

> « Multitudinis rationalis cœtus, rerum quas
> « diligit concordi communione sociatus. »
> Saint-Augustin, *de Civ. Dei*, lib. XIX, c. 24.

UN des premiers besoins des hommes réunis en société est de participer à l'administration du lieu qu'ils habitent; administration qui exerce une influence directe sur leur situation, sur le bien-être de leurs familles. Assez faciles quelquefois à se contenter d'une intervention secondaire dans les intérêts généraux de leur pays, ils sont d'autant plus exigeants pour tout ce qui tient à leurs affaires courantes, à leurs habitudes journalières. La vie municipale a presque toujours précédé la vie politique; elle fut une extension de la famille, une sorte de *patrie de la nature* ou *du lieu*, comme dit

<div align="center">I</div>
~~~~~~

Cicéron, différente de la patrie commune [1]. C'est ainsi que les villes de la Grèce se gouvernaient elles-mêmes, étaient *leurs propres législateurs* [2], et attachaient tant de prix à ce genre de prérogative, qu'elles considéraient toute atteinte qui lui aurait été portée comme *la fin de leur existence* [3]. Rome introduisit ce système dès l'origine de sa fondation, et ne pensa point à le détruire chez les peuples qu'elle adjoignit à son empire, afin de se les attacher davantage ou de les gouverner plus facilement [4]. Car si cette forme d'administration est avantageuse aux vaincus, elle ne l'est pas moins aux vainqueurs à qui elle donne un moyen simple, facile d'exercer leur autorité, de n'avoir affaire qu'aux hommes les plus influents, les plus riches des cités.

L'institution des communes dans les temps mo-

[1] *Patria naturæ seu loci*, dit Cicéron, diffère de la patrie *civitatis seu juris*, de Leg. II, c. 2.

[2] Αὐτονομούμενα καὶ ἐλεύθερα. Démosth., 1, Phil., p. 41, éd. Reisk. C'est de cette *autonomie* qu'est venu le *droit municipal romain*, et par suite le *droit municipal* des temps modernes.

[3] Τῆς πατρίδος ὄλεθρον. (Diod. de Sic., lib. XVIII.)

[4] *Munucipium* venait des mots *munera capientes* ou *muneris participantes,* et en cela c'étaient plutôt des participants aux charges que des participants aux droits; c'était le nom tristement privilégié de ceux qu'on voulait forcer, 1° de remplir des fonctions onéreuses; 2° de payer les charges de la cité ou du moins d'en répondre. Aussi on voit toujours dans le Code, et surtout sous les derniers empereurs, les précautions, les punitions contre ceux qui voudraient se soustraire à ces emplois. Il en fut de même dans les temps modernes pour les élus aux charges municipales; voyez l'édit de mai 1765, art. 40.

dernes atteignait encore mieux ce double but[1]. Elle
fut pour les populations la première, la plus ancienne de leurs libertés, *jus ante omnia jura datum,*
et pour les souverains un mode d'administration
économique, facile, par lequel ils obtenaient, au
lieu d'extorquer, des subsides, et pour les uns et
les autres elle fut un appui, une barrière contre le
pouvoir du clergé et de la noblesse, qui leur était
également contraire; aussi ne lui épargnait-on
point les injures. «Municipalité, dit l'évêque de No-
«gent, nom infame, invention maudite de Dieu et
«des saints[2].» Sans doute ce genre d'administration a pu être l'occasion de troubles; il a dû souvent faire passer le pouvoir dans les mains de ceux
qui savaient le mieux flatter ou dominer la multitude; et l'histoire des grandes villes, telles qu'A-
thènes, Sparte, Rome, et les républiques du moyen
âge, a présenté de ces fluctuations diverses dans

---

[1] Le mot *commune* eut un sens et une acception plus noble que le
municipe, res communis, intérêt commun, *officium commune.* Elle
indiquait à la fois l'association pour se mieux gouverner, mais aussi
pour se défendre de l'oppression. La maison commune ou l'Hôtel-
de-ville était le chef-lieu de l'administration de ceux qui avaient
quelque chose, comme la maison de Dieu ou l'Hôtel-Dieu était
l'asile de ceux qui n'avaient que Dieu pour protecteur, pour appui.

[2] Guilbert, *de Vit. sua.* « Il y a dans ce monde, disait Étienne,
évêque de Tournay, quatre troupes criardes: *une commune qui veut
dominer,* des femmes qui se querellent, un troupeau de cochons et
un chapitre divisé d'opinions: nous nous moquons de la seconde et
de la troisième; mais, Seigneur, délivrez-nous de la première et de
la quatrième, *a primo et quarto libera nos, Domine.* » Hist. de Rheims,
par Anquetil, tome I, page 333.

un sens aristocratique, populaire, ou oligarchique;
mais la puissance finissait toujours par se concen-
trer dans la masse éclairée du pays, connue sous
le nom de *bourgeoisie* ou de classe moyenne, plus
intéressée que toute autre au maintien de l'ordre,
et, en même temps, plus rapprochée du peuple
pour connaître et apprécier ses besoins.

Il en a été ainsi de tout temps pour la ville de
Paris. A l'exception de quelques périodes très-
courtes de l'exercice du pouvoir arbitraire, ou de
la domination d'hommes étrangers aux intérêts de
la ville, l'administration s'est maintenue entre les
mains des principaux habitants, parvenus aux affaires par l'estime et le choix de leurs concitoyens.
Cette administration comprenait la perception des
impôts et des revenus de la ville, le soin du culte,
des fêtes, des édifices publics, des subsistances, des
marchés, des poids et mesures, enfin la police municipale et judiciaire.

Ces notables de Paris, ces *grands honorés bourgeois* [1], ainsi qu'ils sont qualifiés, appartenaient à la
haute industrie, à cette classe intermédiaire, la
force et la gloire des états, et dont il est intéres-
sant de suivre l'histoire dans son origine, dans son
accroissement, et la prépondérance qu'elle acquiert
par les services qu'elle rend. Aristocratie paisible, a
dit un ingénieux historien, aristocratie amie du bien

[1] *Eminentes viri, cives burgenses majores.* Chronique de Saint-Denys.
f. 176, col. 2.

public, respectueuse envers l'autorité royale, mais sachant au besoin lui résister[1]. On la voit, à toutes les époques de l'histoire, lutter avec un égal courage, une égale sagesse, contre les envahissements du pouvoir et les désordres de l'anarchie; quelquefois, sans doute, succomber sous les efforts de l'un ou de l'autre, mais protester énergiquement contre leur violence, et reprendre bientôt son premier ascendant, qu'elle réclame aujourd'hui en faveur d'institutions municipales dont elle est seule privée en France, en Europe peut-être. Elle a d'autant plus droit d'y prétendre, qu'elle en a toujours joui, et que même, à mesure qu'on remonte vers les siècles éloignés, on lui trouve une organisation plus populaire, plus libérale, plus d'accord avec le rang d'une grande cité. C'est ce tableau qu'il nous a paru utile de tracer au moment où l'on s'occupe d'une loi municipale pour Paris; il fera voir que cette ville n'a jamais cessé dans tous les temps de se montrer digne, comme elle l'est encore aujourd'hui, de passer pour la capitale du monde civilisé.

[1] Barante, Hist. des ducs de Bourgogne, tome I, page 60.

CHAPITRE II.

De l'administration de la ville de Paris sous les Gaulois, les
Romains et les Francs, jusqu'au règne de Philippe-Auguste.

> Reddendo quotannis
> Tributa.... legesque sequendo paternas.
> *Philipp.*, lib. I.

LA nation des Parisiens, *civitas Parisiorum*, s'é-
tendait, au moment de la conquête des Gaules par
César, jusqu'au canton des habitants de Sens; elle
faisait partie de soixante-quinze petits peuples qui
se gouvernaient par leurs propres lois, et formaient
une fédération pour la défense commune du pays[1].
La ville principale des Parisiens, *oppidum Parisiorum*, était Lutèce, située dans une des îles de la
Seine que César prit en affection, et où il transporta le conseil général des Gaules[2]. Les empereurs
Constantin et Constance y demeurèrent. Julien y
fut proclamé empereur, et la nomma sa chère Lutèce. Cette prédilection ne rendit cependant point
à la nation des Parisiens les priviléges dont ils jouissaient avant la conquête[3]. Les Romains, qui intro-
duisaient partout leur mode d'administration, faisaient une différence entre les villes qui s'étaient

[1] Lib. V, cap. 2, de Bel. Gal.
[2] Loc. cit.
[3] Salvianus.

rendues à eux, et auxquelles ils avaient accordé les droits d'alliées ou de municipes, et celles qu'ils avaient conquises. Les villes des Gaules furent toutes, à l'exception d'un petit nombre[1] dans cette dernière catégorie, connues sous le nom de *prefecturæ*, et gouvernées par un préfet[2]. Mais, pour donner à ces villes au moins l'apparence de la liberté dont on les privait, on leur conféra plus tard une magistrature protectrice sous le nom de *défenseurs de la cité*[3], qui remplaçait et surpassait même en autorité leur sénat héréditaire ou leurs magistrats électifs[4]. Ces défenseurs étaient nommés par le peuple, et pris parmi les citoyens les plus distingués[5]; leur administration durait cinq ans, et on ne pouvait refuser cette charge[6]; ils avaient auprès d'eux des curions qui représentaient la municipalité; ils faisaient ainsi l'office d'édiles et de censeurs, et en quelque sorte même de tribuns du peuple; car ils rendaient la justice sur plusieurs matières, et pouvaient condamner à l'amende[7]. Cette

---

[1] Arles, Autun, Chartres.

[2] Sueton., in Jul. Cæs.

[3] *Ecdici*, Cicer., Ep. lib. XIII; ils sont encore appelés indistinctement Ἐκδίκοι ou *Defensores civitatis*, par Justinien, Auth., coll. III, tit. II, nov. 25.

[4] Cod. Theod., lib. X, tit. XI; Pancirolus, de mag. Mun., cap. 9; Cassiodore, lib. VII, f. 11.

[5] « Inter principes et honoratos sibi eligant defensorem. » Cod. Theod., lib. XV; Gothof., loc. cit.

[6] Gloss. in leg. Pancirol. de mag. Mun., cap. 9.

[7] Cod., lib. VIII, tit. 13; ils connaissaient de toutes les causes qui

charge acquit plus de consistance encore sous les derniers empereurs. Justinien ne reconnut aux présidents des provinces aucune juridiction dans les affaires des villes laissées entièrement aux défenseurs faisant l'office de tuteurs, de pères du peuple, et pouvant s'adresser à lui directement pour obtenir justice [1]. Ce protectorat, ce patronage civil était, vis-à-vis de l'autorité militaire, ce que le corps municipal fut depuis vis-à-vis des prévôts de Paris, c'est-à-dire placé parallèlement avec elle. Ainsi, à l'exception d'une sorte de surveillance du préteur, et du paiement d'un tribut annuel, la ville de Paris avait conservé son ancienne administration [2], celle de ses principaux citoyens [3], ainsi que les autres villes des Gaules. Régie comme elles par le droit romain, elle pouvait acquérir, recevoir des legs et posséder des biens communaux.

n'excédaient point cinquante sols d'or, qui du temps de Constantin représentaient 400 francs de notre monnaie; ils avaient de plus la police des marchés, des poids et mesures, et de tout ce qui concernait le commerce.

[1] « Parentes vicem plebi exhibens. » Cod. 1, lib. LV, XII, XXXIV. « Quos liberorum loco tueri debes. » Ib. Cod. Theod. de Def. « Defensores eos vocamus, dit Justinien, quatenus eripiens a malis, injuriam patientes. » Novel. 15, præf.

[2] « Sicut in prioribus temporibus. » Cod. novel. 5.

Reddendo tributa quotannis
Reddita Romanis legesque sequendo paternas.

Prud., lib. I.

[3] « Inter ditissimos, nobiliores et probatissimos. » Cassiod., lib. VII, f. 9. César nous apprend que c'étaient les principaux personnages de chaque cité qui rendaient la justice à leurs

Mais quels étaient ces principaux citoyens qui avaient ainsi, de temps immémorial, l'administration de leur pays, et y exerçaient tant d'influence? Un coup d'œil sur l'état ancien des Gaules va nous le faire connaître. Il existait au moment de la conquête des Romains, ou peu de temps après leur établissement, de grandes associations ou compagnies de commerçants par eau, *nautæ*, qui réunissaient tout le commerce non-seulement des villes, mais des bassins de rivières sur lesquels elles étaient situées. On conçoit en effet l'importance des compagnies de ce genre dans un temps où le pays était couvert de forêts, où les rivières étaient les seules communications commodes, faciles. Aussi voit-on les *nautæ* du Rhône[1], de la Saône, paraître dans les inscriptions, former une corporation *consortium*[2], jouir de titres honorifiques[3], comprendre dans leur sein des décurions, des édiles, des chevaliers romains, des sénateurs même[4], jouir de priviléges, d'exemptions, avoir des patrons, commercer, prélever des droits sur les marchandises qu'ils vendaient[5]. On ignora jusqu'au milieu du siècle dernier

subordonnés, et marchaient à leur côté pour la défense du territoire.

[1] « Nautæ Rhodonici. »

[2] Cod. Theod., tit. v, lib. XIII et XIV.

[3] « Splendissimum corpus nautarum. » Grut., insc. 1, p. 425, insc. 10, p. 428, insc. 7, p. 466.

[4] Grut., p. 398, 326.

[5] Cod. Theod., lib. XIII, tit. v.

si Paris avait possédé une semblable association, et on se bornait à le supposer, en raison du commerce considérable que faisait cette ville de tout temps, lorsqu'en creusant pour la construction de l'église de Notre-Dame[1], on trouva plusieurs inscriptions qui prouvèrent que Paris possédait une association de nautes, qui, sous Tibère, éleva un autel à Jupiter[2]. Cette association forma bientôt ce qu'on appela le bureau de la marchandise de l'eau, *mercatores aquæ*, et enfin la prévôté des marchands, ou autrement, le syndicat des commerçants distingués qui n'ont jamais cessé d'occuper les charges et les fonctions municipales.

Il faut cependant observer qu'à aucune époque la ville n'a été complètement administrée par le conseil ou l'autorité de ses habitants. Il a toujours existé à côté du gouvernement municipal, et pour l'intérêt même de l'ordre, une autorité émanée directement du trône, qui avait une action soit supérieure, soit au moins parallèle à l'intervention de la communauté : l'administration de la justice l'exigeait, ainsi que la perception des droits acquis ou concédés aux souverains ; et la liberté des villes consistait à maintenir cette autorité directe dans des

----

[1] Le 16 mars 1711.

[2] Sur l'une des pierres était écrit : « Tib. Cæsari, Aug., Jovi, opt. max. nautæ Parisiaci. pos. » Sur une autre était le mot *Seviri*, qui désigne le collége des six inspecteurs chargés du soin de la navigation. Enfin sur une troisième pierre le nom même de la Seine, ce qui ôtait toute incertitude.

bornes raisonnables, et même à reprendre sur elle
avec le temps ce qu'avec le temps l'autre cherchait
à usurper. Cette double action se remarque constamment, et existait même dans les villes entièrement romaines; le préfet de la ville, *præfectus
urbis*, représentait l'autorité supérieure, mais il
n'avait qu'une faible action sur les décurions, édiles,
et autres officiers municipaux, pour tout ce qui
concernait les intérêts de la cité [1].

L'occupation des Gaules par les Francs ne changea rien à ce mode d'administration établi de temps
immémorial; les Barbares trouvaient plus sage et
plus commode de suivre, d'imiter des institutions
supérieures aux leurs, et qui leur permettaient d'as-
seoir avec plus de sûreté, moins d'embarras, leur
puissance [2]. Les différentes fonctions ne différaient
que par le vêtement et le langage [3]. Nous voyons le
même titre de préfet de la ville, en usage chez les
Romains [4], porté sous le règne de Chilpéric, en 588,
par Montmol, et sous Clotaire III, en 665, par Ercembald [5]. A la même époque, et jusqu'en 700, les
défenseurs et les curions exercent leurs emplois;

[1] Cod. Just., lib. II, tit. 13, de oper. pub.

[2] Procop. de bel. Got., lib. I, cap. 10.

[3] « Vestitu et lingua. » Agath. hist. lib. 1, p. 117.

[4] Charge établie sous Auguste, et qui se maintint sous ses successeurs. L'an 250, sous l'empereur Aurélien, *c'est le préfet de la
ville*, Sescenus, qui condamne saint Denys au martyre. Grég. de
Tours, lib. I, cap. 31 ; Fortunat. 1, cap. 2.

[5] Grég. de Tours, lib. VI, cap. 35. Pap. mal. ann., lib. I; Egin.
hist., et Duchesne, t. II, p. 106.

mais bientôt les uns et les autres prennent d'autres noms sans changer d'attributions.

Ercembald prend le titre de comte de Paris[1], et les scabins, dont se forma le nom d'échevins, de bons hommes, succèdent aux défenseurs[2]. Ils sont également nommés par le peuple[3], et ne sont point, comme l'ont cru quelques historiens, de simples assesseurs des comtes[4]. Ils exerçaient la justice direc-

---

[1] Ce titre est souvent confondu avec celui de préfet, Call. var. 6, 24. Baluz. cap. 11, lib. V, cap. 381.

[2] « Rogate, optime defensor, dit Marcuf, vosque, laudabiles curiones. » Au bas du testament de la dame Emimelbrude, de l'année 700, conservé dans l'abbaye de Saint-Denys, et cité par Mabillon, se trouve comme témoin un nommé Baudacharius, qualifié de *Defensor*. Malc., lib. II, form. 27. Mab. de Re dep. p. 119.

[3] Formule de nomination; Malcuf. lib. I, cap. 8. Donation à l'église de Paris, en 666. Egin. ap. Duchesne, t. II, p. 106. Ducange, Gloss. Scabini.

[4] Dulaure, Hist. de Paris, t. Ier. Il ne faut pas, dit cet auteur, prendre les échevins ou scabins pour des officiers d'un corps municipal, pour les membres d'une constitution populaire. Ces échevins n'étaient que les assesseurs du comte, que ses auxiliaires dans l'administration de la justice. Ceci est une grande erreur. Dans plusieurs capitulaires aux comtes et commissaires du roi, appelés *Missi dominici*, il est enjoint de destituer les mauvais échevins, d'en faire élire, en leur place, de bons, *par le consentement de tout le peuple.* « Ubicunque malos scabinos inveniunt, ejiciant, et totius populi consensu, in loco eorum bonos eligant. » (Baluz. t. I, col. 665). On les qualifiait de *judices proprii*, comme étant élus par leurs concitoyens pour être leurs juges. Ils sont enfin appelés, dans une charte de Baudouin, comte de Flandre, de l'an 1119: « Judices proprios quos vulgo scabinos vocant. » S'ils étaient quelquefois nommés directement par le comte, c'était d'accord avec le peuple. « A duce per conventiones populi. » Cap. Dagobert, an 630, an 640. Baluz. t. I. coll. 68. On ne

tement sans avoir besoin de la sanction du comte[1],
tandis que celui-ci avait toujours besoin de leur
concours[2].

Odon ou Eudes, dernier comte de Paris, étant
mort sans enfants, l'an 1032, cette charge, et celle
de vicomte, qui pendant quelque temps lui suc-
céda, furent réunies l'une et l'autre à la couronne,
et alors le magistrat qui fut pourvu par le roi pour
rendre la justice et maintenir l'ordre, prit le titre
de prévôt (*quasi a rege præpositus*) et réunit tous
les droits et les prérogatives des vicomtes[3]. Ces deux

doit pas inférer pour cela que le prince n'eût pas le droit de
les casser ni de les approuver; mais l'élection n'en appartenait
pas moins au peuple. C'est pourquoi leur auditoire ne fut pas
qualifié de prétoire ou siége royal, mais de *Parloir aux bourgeois*,
locutorium civium; et le mont Sainte-Geneviève, près duquel il fallait
passer pour s'y rendre, lorsqu'il y fut transféré, s'appelait *Mons
locutorium.*

[1] Ils étaient si peu dépendants du comte, que celui-ci ne pouvait faire grâce à un criminel que les échevins auraient con-
damné. « Postquam scabini latronem dijudicaverint, non liceant
comites vel vicarii ei vitam concedere.» (Capit. 2, an 813). (Ducange, loco citato). Voy. surtout Boucher d'Argis, Mémoire pour
le prévôt des marchands.

[2] Un capitulaire de Charlemagne de 1503 est signifié au
comte Étienne pour qu'il le fasse publier dans Paris et dans
une assemblée publique, en présence des échevins (coram
scabinos), qui sont appelés *venerabiles.* Delamarre, lib. I,
tit. 3.

[3] Dans le grand coutumier de France, on trouve que le prévôt de
Paris, comme chef du Châtelet, représentait la personne du roi,
au fait de sa justice. « Præpositus parisiensis est major post principem
in villa Parisiensi, et post dominos parlamenti principem represen-
tans; antecedit omnes ballios et senecalos. » (Arrêt du parlement.)
V. Joan., quest. 276, car. mol. ad styl. p. 153.

autorités se soutinrent ainsi parallèlement sans se nuire, jusqu'au règne de Philippe-Auguste. Le prévôt de Paris tenait ses séances au grand Châtelet, ancienne demeure du gouverneur romain, et le syndic ou juré des marchandises, qui prit, peu de temps après, le titre de prévôt des marchands, siégeait au Parloir-aux-Bourgeois, sur le quai [1].

C'est ainsi que, de temps immémorial, on voit les magistrats de l'autorité préposés par le prince pour rendre la justice, et les magistrats populaires nommés par la communauté, chargés seuls de surveiller les intérêts privés et industriels.

[1] Sauval, Compte de la prévôté, 1489. Lettre du roi relative aux échevins de Paris, 1415.

CHAPITRE III.

De l'administration de la ville de Paris, depuis Philippe-Auguste
jusqu'à la suppression du corps municipal et des franchises
de la ville sous le règne de Charles VI.

> « Decet dignitati regum libertates et jura civitatum
> « integra et illibata propensius conservare. »
> Charte de 1132 de Philippe-Auguste.

PARIS fut une ville sans importance pendant les
deux premières races de nos rois; ils y faisaient
rarement leur résidence. La ville ne s'étendait pas
au-delà de la Cité, où se trouvaient le palais du roi
et quelques églises; le reste était des masses de
maisons grossières élevées sur des rues étroites,
tortueuses et pleines de boues, où l'on ne pouvait
circuler qu'à cheval. Philippe-Auguste changea cet
état de choses, et c'est à lui que Paris dut sa première splendeur. « Un jour, dit la chronique, le
« bon roi Philippe alloit par son palais, pensant à
« ses besognes; car il étoit moult curieux de son
« royaume maintenir et amender.

« Il se mit à une des fenestres de la salle, à la-
« quelle il s'appuyoit aucune fois, pour regarder la
« Seine couler et pour avoir récréation de l'air. Si
« advint en ce point que charrette qui charrioit,
« vint à mouvoir si bien la boue et l'ordure dont la
« rue étoit pleine, qu'une pueur en issit si grande

« qu'elle monta vers la fenestre où le roi étoit.
« Quand sentit cette pueur si corrompue, il s'en-
« tourna de cette fenestre en grande abomination
« de cœur; lors fit mander li prévôt et borgeois de
« Paris, et li commanda que toutes les rues fussent
« pavées, bien et soigneusement, de grès gros et
« fort [1]. De ce moment, le nom de Lutèce fut changé
« en celui de Paris. »

Philippe-Auguste affectionnait cette autorité municipale qu'il avait trouvée établie et qui lui dut
beaucoup de son importance; il abandonna aux
syndics de la marchandise, ou autrement prévôts
des marchands, différents droits pour être employés
à l'embellissement de la ville et à la construction
d'une nouvelle enceinte beaucoup plus étendue [2].
C'est sous son règne que le prévôt des marchands
acquit une partie des droits qu'avait la prévôté
qui, jusque-là, remplissait véritablement les fonctions municipales, comprenant la police, la sûreté,
la salubrité de la capitale; les réglements de voirie,
la réparation des édifices publics [3]; l'administration

[1] 2. Chronique de Saint-Denys, 1182.

[2] Gesta Ph. Aug., Hist. de France, t. XVII, p. 16. Les murs
furent faits aux frais de la ville, qui, dans plusieurs occasions, et
entre autres dans un mémoire adressé à Louis XIV, en réclame la
propriété.

[3] « Fit faire le jeune prince une grande halle et une place qui est
appelée Champeaux, et les fit clore et bien fermer pour que les
marchands qui demeuroient là pendant la nuit pussent être gardés,
et que s'il pleuvoit, ce ne fût pas sur les débitants. » Chronique de
Saint-Denys.

même des domaines de la ville, qui ne fut divisée
que dans le quatorzième siècle. La confiance de ce
prince et son affection étaient telles pour les habitants de la capitale, qu'en partant pour la Terre-
Sainte, il institua six bourgeois, désignés par les
lettres initiales de leur nom, les gérants de sa fortune et de ses domaines, et ses exécuteurs testa-
mentaires en cas de mort. Il les rend dépositaires
de ses biens, leur en prescrit l'usage, et stipule
qu'ils en garderont une partie pour l'éducation de
son fils, jusqu'à ce qu'il ait atteint l'âge de gouverner par lui-même [1]. Philippe-Auguste fut le prince
populaire de ce temps [2], invitant son armée à dis-
poser de sa couronne si elle ne l'en croit pas digne,
et remettant le sort de ses enfants entre les mains
des habitants de sa capitale.

Il ne faut pas cependant confondre ces nouveaux
mandataires avec les échevins ordinaires qui géraient les affaires municipales, et qui étaient choisis
également dans la classe moyenne des habitants.

Cette classe moyenne, qui n'a jamais cessé d'exercer une utile influence dans la capitale, avait déja
acquis, à cette époque, la fortune et les lumières
qui ont, dans tous les temps, justifié l'estime qu'on

---

[1] Ordonnance de 1190. Reg. ord. p. 29. Ordon. de Tours,
t. I, p. 21.

[2] Jamais peut-être le nom de peuple ne fut plus souvent invoqué
et n'eut une plus réelle importance. Baluz. Cap. l. I, col. 377,
tom. II, col. 324, 327.

lui portait. Un financier, Gérard de Poissy, se trouve en état et en volonté de fournir, pour le pavage de la ville, la somme, énorme pour le temps, de 14,000 livres. Bientôt le corps municipal s'organise; ses priviléges, acquis pendant la première et la seconde race, s'étendent [1]. Ce n'est plus une seule association ou hanse, remplaçant l'ancien *consortium*, mais une immense corporation fédérative des différents métiers, ayant chacun leurs statuts, leurs lois, et présentant réunis l'élite de la population organisée civilement et militairement. Le chef de cette association industrieuse prend et ne quitte plus le titre de prévôt des marchands [2]; et quoique sa juri-

---

[1] Réglements faits par Dagobert en 620, par Charlemagne en 798, sur le commerce par eau de la ville de Paris. Ordonnance de Charles-le-Chauve, de 865, pour protéger la navigation de la Seine contre les Normands.

[2] Le plus ancien titre où il soit parlé du prévôt des marchands et des échevins pour désigner les officiers de la ville, est l'ordonnance de police de 1258, par Étienne Boileau ou Boileve, prévôt de Paris, dans laquelle les échevins sont tantôt appelés échevins, tantôt jurés de la confrérie des marchands de Paris.

Le chef de ces jurés est aussi appelé prévôt des marchands dans un arrêt du parlement de 1269, de même que dans une sentence du Parloir-aux-Bourgeois, datée de la même année. Cependant, en 1273, le parlement de la Pentecôte appelle encore le prévôt des marchands *Maître des échevins de la ville de Paris.* Les titres antérieurs confondent constamment la hanse parisienne avec le corps de la ville, le Parloir-aux-Bourgeois avec la maison commune. Ce mot de marchand était une formule qui désignait le corps municipal. Ce n'est véritablement que sous Philippe-le-Hardi que tous ces titres se confondent dans celui de prévôt des marchands, ainsi qu'il est mentionné dans les lettres données au mois de mars 1274.

Voir à ce sujet le discours de M. Roi, dans Félibien, tome Ier, page 35.

diction soit souvent contrariée par l'exercice du droit des seigneurs et des évêques possesseurs des terres voisines[1], elle étend son action sur tout le cours de la rivière. Elle a seule le droit de faire remonter les bateaux depuis Mantes jusqu'à Paris, et aucun étranger ne peut le faire, s'il n'est associé d'un bourgeois de Paris. Elle obtint de construire un port destiné au débarquement et au dépôt de ses marchandises, moyennant un octroi sur la consommation de la ville[2]. Elle achète en 1220, par une rente annuelle au fisc, le criage de Paris, ou autrement le droit de lots et ventes, et l'emplacement qui leur était destiné, et le roi dépose en ses mains l'étalon des poids et mesures, et l'attribution

---

[1] A mesure que la ville prenait de l'extension, le corps municipal avait à lutter avec les propriétaires de terres, les seigneurs, le clergé et la couronne qui, conservant chacun leur juridiction particulière sur ces terrains, empêchaient toute mesure de police et de sûreté publique. Une charte de Louis VII, confirme les coutumes dont les marchands de l'eau jouissaient du temps de Louis VI, dit le Gros, son père, et elle porte que ceux qui contrevenaient aux défenses faites au sujet, perdaient leurs marchandises, dont moitié était confisquée au profit du roi, et moitié au profit des marchands de l'eau de Paris.

Si le valet d'un marchand de Paris commettait quelque faute, il n'était justiciable que de son maître, à moins qu'il ne fût pris sur le fait par la justice du roi.

[2] En 1121, Louis VII céda aux marchands de l'eau de Paris le droit de cinquante sous à lever du temps des vendanges sur tous les bateaux chargés de vin qui arrivaient à Paris.

Quelques arrêts rendus par le parlement, contraires à cette concession, obligèrent les prévôts des marchands et les échevins à la faire confirmer par Louis X, en 1315.

si importante de les régler. Le *Parlouer aux Borjois* avait ses clercs et ses sergents, et prononçait sur les contestations civiles, et interprétait les dispositions de la coutume de Paris, et réglait sa propre organisation [1].

Pendant que l'action municipale se développait ainsi, la justice administrative et urbaine se perfectionnait au même degré. Cette police fut longtemps exercée par des hommes aussi distingués par leurs lumières que par leur naissance. On voit parmi eux, en 1202, un seigneur de Garlande, allié à la maison de Montmorency [2]. Mais les troubles et les besoins de l'état pendant la minorité de saint Louis ayant obligé les conseils de ce prince à recourir à toutes sortes de moyens pour faire face aux dépenses publiques, la prévôté de Paris fut comprise dans les fermes du roi, et adjugée au plus offrant. Les magistrats qui jusque-là avaient rempli les fonctions de ce tribunal, n'en voulurent plus à cette condition; et cette charge si importante fut livrée à des gens sans notabilité, et quelquefois même sans fortune. On en vit plusieurs s'associer pour l'exercer, et retrouver par des concussions la finance

[1] Félibien, Hist. de Paris, t. I, dissert. p. 106, en 1296. « Le prévôt, les échevins et les autres bourgeois de Paris décident que l'on eslira vingt-quatre preudomes qui seront tenus de venir au *parloue* au mandement du prévôt et des eschevins. » Ibid.

[2] Chronique de Saint-Denys, règne de saint Louis, Pasquier lib. IV, c. 17.

qu'ils déboursaient [1]. « Voyant, dit l'historien de
« saint Louis, les mauvaises coutumes dont le povre
« peuple étoit ainsi grevé, le saint roi fit enquérir
« par tout le pays où il trouveroit quelque grand
« sage homme qui fust bon justicier, et qui punist
« étroitement les malfaicteurs, sans égard au riche
« plus qu'au povre; et il lui fut amené un qu'on ap-
« peloit Estienne Boisleau, auquel il donna l'office
« de prévost de Paris, lequel fit merveille de soi tel-
« lement, que désormais n'y avoit larron, meurtrier,
« ou autre, qui osast demeurer à Paris, qui ne fust
« pendu ou puni à rigueur de justice; et alloit sou-
« vent le roi au Chastelet se seoir près ledict Boisleau,
« pour l'encourager à donner l'exemple aux autres
« juges du royaume. »

Cet homme estimable joignait beaucoup de lumières à beaucoup de fermeté; c'est lui qui composa
un code tout entier pour les corps des métiers, tel-
lement approprié à leurs intérêts et à leur disci-
pline, qu'il se conserva presque intact pendant cinq
siècles, jusqu'au moment où les lumières et la division du travail permirent de laisser à l'industrie une
entière liberté. Ces statuts furent soumis à une sorte
d'enquête devant grand Planté, dit la chronique,
« des plus sages et des plus anciens hommes de Pa-

---

[1] En 1245, deux marchands, Novelles Guermes et Gaulthier,
affermèrent cette charge. Delamarre, Traité de la police, tom. 1,
p. 104, registre des métiers conservé à la cour des comptes, année
1344.

« ris, et de ceux qui plus devoient savoir de ces cho-
« ses, lesquels tous ensemble louèrent moult cet
« œuvre. »

La prévôté de Paris, ainsi rétablie, devint un
emploi honorable que des hommes distingués ne
dédaignèrent plus d'occuper. On voit parmi eux les
noms des Hangeau de Coucy, des Crèvecœur ; ils
étaient aidés, dans leurs fonctions, par un lieutenant civil et plusieurs greffiers. Et dans beaucoup
de circonstances ils rendaient des ordonnances
communes avec les prévôts des marchands [1].

A l'abri de cette double protection judiciaire et
municipale, la population industrieuse de Paris put
s'élever bientôt à un haut degré de richesse et de
prospérité. Sa bourgeoisie formant, comme nous
l'avons dit, de temps immémorial, un corps indépendant, n'eut point besoin de passer par ces chartes
d'affranchissement[2], divisées en plusieurs catégo-
ries, qui eurent lieu pour les autres villes du royaume. Forte par elle-même contre toute prétention
des classes supérieures[3], elle ne connut point le
honteux vasselage des campagnes, ces droits féodaux si capricieux, si serviles, si humiliants[4] ; ses

---

[1] En 1193, pour régler la police des jurés maçons, Hist. de Paris,
t. I, dissert. p. 106.

[2] Hallam, Europe au moyen âge, tome I ; Recueil des ordonn.
des cours préf., tome XI.

[3] Soit à tort, soit à droit, n'étant tenue à répondre *fors à Dieu*
Beaumanoir, chap. 45.

[4] Salvage, Usage des fiefs, ch. XXXIV. Pithon, cité par Guyot,

femmes ne filaient point la rançon des rois, et ses enfants ne sollicitaient point des emplois de domesticité dans les châteaux. Elle occupait une place entre la noblesse et le peuple, comme ce qu'on appelle en Allemagne la seconde noblesse, produite par le travail, ainsi que la première par les armes [1].

C'est elle qui fonde les premiers établissements de bienfaisance [2], qui développe le commerce, entretient et peuple les universités, qui assiste aux doctes leçons des Champeau, des Abélard [3], des

des Fiefs, t. I, p. 343. La charte de Mantes fut accordée à cause de l'oppression où étaient les pauvres ; celle de Compiègne à cause des excès commis par les clercs ; celle de Dourlens à cause des vexations qu'éprouvaient les bourgeois. Voy. Ordonn. des rois, tom. II et XI, p. 17.

[1] Grands bourgeois, francs bourgeois, bourgeois du roi, des seigneurs ou des villes, tout cela forme une hiérarchie. Le serf du seigneur devenait son bourgeois, de là bourgeois du roi ou des villes, et ensuite il aspirait à devenir noble par nomination, ou en remplissant des fonctions qui donnaient la noblese. Voy. ordonnance de Philippe-le-Bel, confirmée par le roi Jean, octobre 1351. Paquier compare avec raison l'état des bourgeois de Paris à celui des citoyens romains, qui ne reconnaissaient d'autres juges que l'empereur et ses officiers. Ils avaient, entre autres droits, celui de s'interposer dans les querelles des gens du peuple et de les séparer, et même de les battre en cas de résistance. Paquier, Recherches sur la France, lib. IV, c. 7, liber. p. 269.

[2] Gérard de Poissy fonde le premier hôpital à Paris ; Garcie Masson et son fils Hanche consacrent une maison pour l'établissement de pauvres passants ; origine de l'hôpital de Saint-Gervais, en 1173, sous Louis-le-Jeune.

[3] Abélard eut jusqu'à trois mille élèves. Il donnait ses leçons en plein champ, car il n'existait pas de local assez vaste pour contenir la foule. Il eut parmi ses élèves cinquante évêques ou archevêques, vingt cardinaux et un pape.

Ambroise Paré, et invite les étrangers à venir partager ses travaux et profiter de ses lumières[1]; le sentiment que donne la liberté, le jugement que produit l'étude, distinguent de tout temps ces familles curiales de Paris, qui sont, comme celles de Rome, les *entrailles des villes* et le meilleur appui des souverains. Déja nous avons vu Philippe-Auguste confier à six bourgeois de Paris, pendant son absence, la gestion de ses biens et l'entrée au conseil de la reine; des notables de Paris sont également désignés, par Charles V, pour avoir part à la régence du royaume pendant la minorité du dauphin, et se trouvent ainsi associés aux fonctions des ministres et des princes du sang[2]. La garde de la personne du monarque fut long-temps confiée à des bourgeois de Paris. « Quand le roi alloit en guerre, » dit Olivier de La Marche, « il avoit au frein de son cheval deux bourgeois de sa bonne ville

---

[1] Le pape Adrien IV, saint Thomas de Cantorbéry, Jean de Salisbury, etc.

[2] Dans la partie du traité de Bretigny relative à la rançon du roi Jean, il est stipulé qu'indépendamment des princes et grands du royaume déja captifs, quatre bourgeois de Paris seront livrés comme otages du roi pour répondre de l'exécution. Voy. Rimer, tom. III, p. 2, traité de Bretigny, 1360.

Jean de Bonnes, bourgeois, échevin, puis prévôt des marchands à Paris, fut commis pour voir les montres des gens d'armes de Louis, duc de Bourbon, et de Jean de Vienne, seigneur de Rollans, par lettres du 3 octobre 1369 et du 13 mai 1370. Il fut établi maitre-général des eaux-et-forêts par autre lettre du 5 juillet 1381, et il marchait de pair avec les plus grands du royaume, comme le témoignent les registres de la chambre des comptes.

de Paris. » A la journée de Mons en Perdelle, où
Philippe-le-Bel écrasa l'armée des Flamands, les
deux bourgeois de garde furent tués à ses côtés ;
l'histoire nous a conservé le nom de ces braves,
c'étaient les Gentiens, dont la race subsistait encore
au dix-septième siècle. Ce fut, en 1412, un bourgeois de Paris qui emporta la bastille d'Estampes [1],
forteresse que les capitaines les plus expérimentés
avaient jugée imprenable. Les gens de guerre que
fournissait la ville de Paris avaient deux bannières,
l'une pour les hommes à pied, l'autre pour les cavaliers, mais toutes deux au *signe de la ville* [2]. Si
nos rois avaient eu plus de confiance dans la valeur
de cette classe d'hommes vigoureux et adroits, ils
auraient lutté avec plus d'avantage contre les Anglais, qui durent leurs succès à l'emploi des archers,
véritables bourgeois de leurs villes, et aussi habiles
que courageux. C'était la nation anglaise tout entière qui suivait ses princes à la guerre [3], et ce n'é-
tait, en France, que le roi et la noblesse qu'on lui
opposait. Voici comment s'exprime, à cet égard, un
ancien historien de nos malheureuses guerres, en
parlant de la revue de l'armée dans la plaine d'Azin-
court. « Outre ce grand corps de troupes du roi, »

[1] Juvénal des Ursins, Hist. de Charles VI, p. 243.

[2] Ordonnance d'octobre 1374, par La Roque, cap. IV, p. 285.

[3] De temps immémorial, la part d'intervention dans le gouvernement accordée au peuple, en Angleterre, avait associé la nation au
roi. Le principe contraire domina toujours en France et fut la
cause de nos troubles. Hallam, Hist. du moyen âge.

dit l'anonyme de Saint-Denys[1], «les bourgeois de
« Paris firent offre de six mille hommes bien armés
« pour combattre à la tête *aux jours de bataille;*
« mais le duc de Berri, faisant grand récit de cette
« milice en présence de plusieurs chevaliers de sa
« suite, l'un d'entre eux, nommé Jean de Beaumont,
« répondit avec mépris : Qu'avons-nous à faire de
« ces gens de boutique, puisque nous sommes trois
« fois plus nombreux que les Anglois? Je ne sais pas
« s'il croyoit les roturiers indignes des armes; mais
« j'assurerai bien en avoir connu qui y ont acquis
« grand honneur, et je dirai encore que le royaume
« étoit plus florissant quand on y recevoit toutes
« sortes de gens avec plus d'acception de valeur que
« de condition. Nos historiens nous apprennent que
« nos chevaliers ne se trouvèrent pas mieux d'un
« pareil orgueil à Courtray, où les Flamands les ren-
« versèrent dans les fossés, ni à Poitiers[2], etc., etc. »

Cette existence honorable de la bourgeoisie de
Paris était telle que beaucoup de nobles aspiraient
à en faire partie, afin de pouvoir occuper les charges
municipales, sorte de gouvernement secondaire qui
établissait un lien entre toutes les classes. La noblesse y trouvait le pouvoir et la considération, et
la bourgeoisie le moyen d'arriver à la noblesse. Ce

[1] Anonyme de Saint-Denys, an 1415; Lebeer, Hist. du pouvoir
municipal, p. 285.

[2] Et ce furent justement des milices communales de Flandre,
en 1302, qui remportèrent cet avantage.

La Roque, dans son traité de la noblesse, cite un grand

droit de bourgeoisie s'acquérait par la construction d'une maison de 60 livres de revenu[1], et l'engagement d'y résider une partie de l'année; ce qui contribua beaucoup à l'extension de la capitale pendant les treizième et quatorzième siècles. La bourgeoisie y tenait alors, ainsi que dans quelques villes du Nord, un rang égal à celui de la noblesse.

Ainsi s'établissait dans les différentes classes industrielles une hiérarchie de rang et de pouvoir qui suffisait à leur ambition. Le compagnon pensait à devenir maître, prud'homme, syndic et roi de sa profession, et enfin à porter la robe aux deux couleurs, qui constituait la notabilité ou les fonctions municipales. Un nombre de familles distinguées dans chaque corps de métier composait cette noblesse bourgeoise et patriarcale, cette aristocratie plébéienne où les vertus et la considération se transmettaient avec la puissance. La magistrature

nombre d'exemples de chevaliers et de gentilshommes français des premières familles qui se sont fait déclarer bourgeois, ou en ont pris le titre dans les actes publics. Lebeer, Hit. du droit municipal, p. 271. Beaucoup de familles nobles du midi de la France et de la Catalogne n'ont d'autres titres de noblesse que d'avoir acquis à certaine époque le droit de bourgeoisie. Capman, Hist. du consul de Barcelone.

> De grand noblesse prend titoul
> Qui de Tholose est capitoul.

De là naquit l'institution des compagnies d'arbalestriers; celle de Paris remonte à Louis VI et existait encore en 1789. Elle se présenta devant la Bastille.

[1] Article 1er du réglement de 1287.

établissait le lien entre elles et la noblesse féodale, participant de toutes les deux, mais se faisant respecter par plus de lumières et d'austérité.

A cette époque, la ville de Paris avait déja une enceinte très-étendue, contenant des champs, des métairies qu'on appelait alors *cultures*, des couvents entourés eux-mêmes de jardins, et clos de murs pour leur défense et marquer leur juridiction. Il y avait aussi quelques hôtels appartenant aux princes de la maison royale, sortes de châteaux forts fermés et gardés comme des bastilles. Les places intermédiaires étaient divisées en rues fermées de barrières, de portes de fer, et d'une circulation souvent dangereuse.

La division qu'on remarque de nos jours existait déja entre les habitations du nord et celles du midi de la Seine, de la rive droite et de la rive gauche; la première présentait les grandes agglomérations des corps de métiers ayant leurs chefs, leurs maires, leurs statuts[1], espèces de petites républiques fédératives; au midi, on apercevait des lieux élevés, les toits en ardoises des églises, des couvents, de l'université, des colléges, se détachant sur les autres maisons couvertes en tuiles; au nord, on n'entendait que le bruit des marteaux, des charrettes, des

---

[1] Lettres-patentes du 8 mai 1408. La revue, ou ce qu'on appelait la montre des habitants, composait déja vingt mille cavaliers et huit mille archers.

crieurs publics; au midi, celui des cloches appelant les chantres aux offices, les écoliers aux classes : au milieu étaient les halles, si fréquentées alors par les gens de la campagne qui, de trente lieues à la ronde, venaient y apporter leurs productions en échange des objets manufacturés [1]. Cette population, d'états, de costumes et de mœurs différentes, et s'élevant déja à près de trois cent mille habitants, reconnaissait les réglements de l'Hôtel-de-Ville [2] et la hiérarchie des quarteniers, dixainiers, cinquanteniers, composant, avec les échevins, les conseils, et le prévôt des marchands, l'autorité municipale, autorité élective, populaire, et qui n'a cessé d'exercer une immense influence sur les destinées même du royaume.

L'Hôtel-de-Ville, continuation du Parloir-aux-Bourgeois, syndicat de la marchandise, fut long-temps situé sur un point peu apparent de la capitale, près du grand Châtelet, de là dans deux tours au faubourg Saint-Jacques, enfin sur la place sablonneuse de la Grève, non loin de l'orme de Saint-Gervais, sous lequel on rendait la justice. Ce fut Marcel qui fit l'acquisition de cette maison, en 1357, et qui fonda l'Hôtel-de-Ville actuel et en

[1] La ville de Paris représentait alors la division de la population dans la France entière, au nord les villes industrieuses de la Flandre, au midi, au contraire, les idées et les habitudes monacales de l'Espagne et de l'Italie. Monteil, Quinzième Siècle, tom. II, p. 364.

[2] Hist. de Paris, par Félibien, lib. II, ch. 8, 1313.

quelque sorte sa puissance. Marcel, ce nom rappelle à la fois de grands talents et de grands excès; Marcel, méconnu par les historiens des rois[1], et rendu enfin à la vérité par les écrivains philosophes[2], fut un homme de génie pour son temps : fils et petit-fils de prévôts des marchands dont la mémoire était honorée, il surpassa ses pères en capacité et dans la puissance qu'il exerçait sur le peuple. Il n'était pas un syndic des métiers, un bourgeois considérable qui ne connût et ne saluât son chaperon ; Le bonjour à maître Marcel, disait-on lorsqu'il passait dans les halles. Écoutons notre prévôt, il faut faire ce que nous conseillera messire Étienne Marcel[3]. C'est pendant sa prévôté que l'autorité de l'Hôtel-de-Ville, qui n'avait été jusque-là que municipale, devint politique, et ne cessa plus de l'être; c'est lui qui devina, pour ainsi dire, le gouvernement représentatif et le fonda dans une sorte de charte mémorable (l'ordonnance du mois de mars 1357)[4]. Il inventa le seul impôt juste,

---

[1] Villaret, Hist. de Fr. t. V, p. 117; Mezerai, t. II, p. 440. Second Mém. de l'Acad. des Insc., t. XVI, p. 200; Pasquier, Recherch., t. II, c. 7, p. 89; et surtout Naudet, dans la Conjuration de Marcel.

[2] Sismondi, Hist. des Français, t. X, p. 497.

[3] Cap de Figue, Hist. de France après Philippe-Auguste, t. II, p. 409.

[4] Recueil des ord. de Fr., t. III, p. 124; cette ordonnance autorise le rassemblement annuel des États-Généraux sans convocation, la formation d'un comité permanent de trente-six commissaires, dont douze de chaque ordre, clergé, noblesse et bourgeoisie, pour assister le dauphin et le préserver des abus que l'ordonnance

l'impôt proportionnel et progressif, adopté depuis sous le nom d'*income-tax* dans les temps modernes[1]. Mais c'est Paris surtout qui lui doit de la reconnaissance pour le système de défense et d'organisation militaire qu'il établit, et qui s'est toujours maintenu[2]. Sans doute de coupables excès ternirent les services de cet homme courageux et habile, mais il faut les attribuer principalement au système de perfidie, d'entêtement des hommes qui entouraient alors un souverain *jeune d'âge et de conseils*, comme dit Froissart, à cet orgueil, à cette avidité de la noblesse, qui alors, comme à d'autres époques, arrêtait toute amélioration possible[3]. Le peuple n'avait aucun moyen légal d'obtenir ce qu'il de-

énumère, tels que les impositions arbitraires et l'altération des monnaies.

[1] L'ordonnance de 1357 développe le mode de cet impôt et établit une proportion entre les différents revenus; elle donne la forme des déclarations, et certainement dans toutes les circonstances malheureuses d'un pays cette mesure est la plus simple, la plus juste à laquelle on puisse et on doive recourir, mais elle serait trop rigoureuse, trop inquisitoriale dans les temps ordinaires.

[2] Il avait entouré la capitale de fortifications, de fossés; il avait établi dans les rues des chaînes, origine des célèbres barricades; mais surtout il avait persuadé à la population que ce n'était qu'en elle-même et dans son organisation militaire que se trouvait son salut et la conservation de ses libertés. Les institutions de Marcel se sont retrouvées à d'autres époques, et par une singularité, les couleurs de son chaperon bleu, rouge et argent, ressemblaient à nos trois couleurs. Voy. Chronique de Saint-Denys, t. XXV, c. 11; Juvénal, p. 168, Journal des Bourgeois, t. XV.

[3] Froissart lui-même en parlant en faveur de la noblesse est obligé de convenir de ses torts. Chronique, c. 372; Villaret, Hist. de France, t. V, p. 117; Mezerai, t. II, p. 440.

mandait, ou l'exécution des concessions qu'il avait obtenues. Ce n'est qu'après avoir épuisé toutes les remontrances, toutes les sollicitations, qu'il se portait à des excès coupables, mais qui seuls pouvaient alors intimider les hommes faux et cruels qui se jouaient de leurs promesses. Jamais Marcel n'attenta ni à la personne [1] ni même au droit reconnu du souverain. Ses discours étaient toujours pleins de respect et de témoignage de fidélité pour lui, et ils n'auraient certainement pas été désavoués de nos jours [2]; et lorsque, des fenêtres de l'Hôtel-de-

[1] L'attentat commis sur les deux maréchaux de Normandie et de Champagne ne fut résolu qu'en désespoir de cause, et après que toutes les mesures de douceur eurent été épuisées ; et encore il n'aurait point eu lieu si les explications qui le précédèrent avaient été le moins du monde conciliantes. Le dauphin, qui était entouré de prêtres, de nobles, consulta, avant de répondre à Marcel, Robert de Clermont, maréchal de Normandie, et le sieur de Conflan, maréchal de Champagne, qui était le plus proche de lui, et il dit ensuite : « Ce n'est point à moi à présent, mais à celui qui reçoit l'argent des impôts à pourvoir à la garde du royaume. » (Froissart, c. 382, p. 287). De paroles plus aigres suivirent celles-ci, et ce n'est qu'alors que Marcel dit au prince : « Sire, ne vous ébahissez de choses que vous voyez; » puis, se tournant vers les hommes qui l'avaient suivi : « Allons, dit-il, faites en bref ce pourquoi vous êtes venus. » Et ces hommes mirent à mort les deux maréchaux. Charles effrayé se jette aux genoux de Marcel, qui le rassure, et, pour plus de sûreté, échange avec lui son chaperon. (Matheo Villani, tom. VIII, c. 38). Les trente-six commissaires qui, sous l'influence de Marcel et de l'évêque de Laon, dirigèrent les affaires, loin de vouloir usurper le pouvoir du dauphin, desiraient qu'il eût assez d'énergie pour gouverner lui-même, et l'engagèrent à prendre le titre de régent. (Froissart, c. 383.)

[2] Oui, nous voulons, disait-il, et nous saurons bien chasser les Anglais hors de France, afin que les habitants pussent vivre en paix

Ville, et la tête couverte du chaperon du roi, auquel il avait donné le sien, il fit connaître au peuple sa conduite, il fut couvert d'applaudissements, et ses paroles retentirent même au dehors, et sou-

et en sûreté. Nous donnerons nos biens, notre sang, pour aider monsieur le dauphin à délivrer le roi notre seigneur et maître. Mais avant de prendre les armes contre l'étranger, il y a d'autres ennemis qu'il faut abattre, et avec d'autant plus d'activité qu'ils sont plus près de nous, avec d'autant plus d'indignation qu'ils se disent les serviteurs du roi, eux qui nous réduisent à un état si déplorable. Ce n'est pas la perte d'une ou de plusieurs batailles qui renverse les états, c'est le despotisme, en éteignant l'amour de la patrie et la fierté nationale, en ne laissant aux hommes des sentiments que pour la douleur et la colère.

On nous a demandé une aide pour la rançon du roi et pour les besoins de la guerre. Malgré l'épuisement de nos fortunes, nous voulons, comme bons et fidèles sujets, payer la rançon du roi, fournir à l'entretien des troupes, prendre nous-mêmes le casque et l'épée, servir sous les bannières de nos paroisses, et grossir les compagnies d'hommes d'armes. Mais nous demandons, pour prix de notre zèle et de notre générosité, ce qu'on aurait dû nous donner depuis long-temps sans sollicitations et sans intérêt : *Sûreté et justice*. Nous sommes jugés par tout le monde, excepté par nos juges naturels. Les charges et les offices sont vendus ou donnés à ferme ; on n'a plus besoin que d'argent pour être autorisé à prononcer sur l'honneur, sur la fortune, sur la vie des sujets. Ce n'est plus le temps où les rois se mêlaient à leur peuple comme à leur famille, et leur communiquaient les fruits de leur sagesse et de leur bonté. Ils sont entourés aujourd'hui par des armées de conseillers, de clercs et d'officiers royaux. J'ai plus d'une fois ouï raconter à mon aïeul comme il avait vu dans son enfance le roi saint Louis sans faste, sans appareil, écouter les plaintes de ses sujets, et accommoder les différents sous le gros arbre de Vincennes. Il n'avait d'autre cortége que l'amour du peuple, d'autre décoration que ses vertus. A ce tribunal paternel et vraiment royal, les petits étaient admis comme les grands ; le mensonge était démasqué, l'intrigue et le crime étaient confondus. (Voy. Naudet, Conjuration de Marcel, p. 55, où il cite les autorités.)

levèrent une partie du royaume. Marcel, dit-on, fut républicain : oui sans doute, si par ce nom on entend le sentiment des droits et de la puissance de la communauté, son intervention légale et juste dans le paiement des impôts, dans une réunion annuelle des élus du peuple, dans un compte rendu aux députés; il fut républicain, si tel est le nom qu'on veut donner à une responsabilité ministérielle, à la participation égale entre les différents ordres des charges sociales, enfin dans les bornes apportées à l'autorité absolue; mais il ne le fut point dans l'acception que semblait indiquer la chronique [1]. C'est au contraire le sentiment que cette forme de gouvernement n'était pas applicable au pays, et sa confiance dans le roi de Navarre, comme pouvant être à la tête d'une monarchie modifiée, qui le perdit et qui le rendit le jouet d'un misérable sans foi et sans honneur [2]. Si, pénétré profondément de la force de cette classe moyenne, de cette bourgeoisie généreuse à laquelle

[1] Chron. de Saint-Denys, f. 277, col. 1, second art. de Nanges, p. 116. Sans doute l'esprit républicain animait toutes les nouvelles municipalités de l'Italie et du midi de la France; mais il avait toujours besoin de chercher un appui dans quelque personnage prépondérant.

[2] Le roi de Navarre se trouvait le plus près du trône, et il fut un moment l'idole du peuple, mais il le trahit bientôt par l'influence de la noblesse, à laquelle ses penchants et son rang l'attachaient. Un des échevins, partisan de Marcel, allant au supplice, s'écria : « Méchant roi de Navarre! plût à Dieu que je ne t'eusse jamais connu ! » (Chron. de Nangis, p. 620.)

les hommes éclairés du clergé et de la noblesse s'étaient ralliés, et qui sympathisaient avec toutes les provinces [1], il n'eût point cherché d'autre combinaison, ses partisans ne se seraient point séparés de lui; et réunis ils auraient obligé le monarque régnant à se soumettre à des institutions qui devaient, six siècles après, être les meilleures garanties de sa couronne.

Il n'était déja plus ce temps où les campagnes, peuplées de loin en loin de pauvres hameaux, dépendaient des seigneurs retranchés dans de hautes tours, où les villes n'étaient qu'une sorte de marché d'ouvriers; le travail, et l'aisance qu'il procure, avaient affaibli ce principe de servilité et de dépendance timide; les villes avaient acquis des droits qu'elles faisaient respecter, et les campagnes voyaient la possibilité de secouer le joug de la noblesse, qui avait cessé de les protéger, et dont la considération s'était perdue dans les honteuses batailles de Crécy et de Poitiers. Les armées d'ailleurs n'étaient plus composées exclusivement de nobles, mais aussi d'archers et d'arbalétriers, pris parmi les roturiers, particulièrement exercés au métier des armes, et qui après les guerres revenaient dans les campagnes peu disposés à se soumettre à une honteuse domination. Une fermentation générale

[1] Le plus grand nombre des bonnes villes adopta le chaperon et la livrée de ceux de Paris; on distingua surtout Amiens, Laon et Rouen, et la jaquerie se joignait dans les campagnes à ce mouvement des villes.

existait partout, et il ne fallait que la présence de
quelque homme distingué et d'un rang illustre,
auquel on se serait attaché, pour devancer de
long-temps la civilisation. Cet homme ne se rencontra pas, et les mouvements généreux de la
population de Paris et des malheureux habitants
des campagnes furent étouffés. Il en fut de même
trente ans après, lorsque le peuple, accablé d'impôts, révolté des cruautés du duc d'Anjou, et se
rappelant le courage qu'il avait autrefois développé
sous Marcel, alla encore chercher à l'Hôtel-de-Ville
ses armes, son appui, sa direction, et que, sous le
nom de *Maillotins*, comme autrefois sous celui de
Jacques[1], il tenta de se faire rendre justice; il suc-
comba encore; et les hommes respectables qui

[1] Voyez sur les Maillotins le moine anonyme de Saint-Denys,
et Juvénal des Ursins, ann. 1382; et sur les Jacques, Froissart,
vol. I, chap. 182, 183 et 184; surtout le dernier ouvrage de
Capefigue, tom. II et III. Les premiers s'étaient organisés en
dixaines, cinquantaines, et les autres avaient également conçu un
gouvernement nouveau. La révolte simultanée des métiers et du
peuple en Angleterre, en Frandre, l'encourageait; mais cette dernière insurrection n'avait déja plus le caractère loyal et régulier
de la première. En 1582, le pillage dans Paris l'avait signalée,
et avait éloigné la haute bourgeoisie d'y prendre part. Il se
forma alors dans la ville un parti qui aima mieux s'exposer à tout
le ressentiment du souverain et à son autorité arbitraire, qu'à
rester dans un état d'anarchie et de trouble qui compromettait sa
fortune. Il y eut alors complet désaccord entre la haute bourgeoisie et le peuple : celui-ci devint violent, et les autres au contraire
modérés : c'est principalement à cette différence d'intérêts et d'opinion qu'on doit attribuer le peu de succès du mouvement insurrectionnel.

modéraient ses passions tout en réclamant ses droits,
furent compris dans la vengeance des princes, qui
ne connaissaient, qui ne voulaient reconnaître que
le pouvoir arbitraire. C'était, comme on le disait
dans ce temps, la guerre du casque de fer contre
le bonnet de laine, et on peut penser quel devait
être le vainqueur. Le tableau des vengeances exer-
cées à cette époque sur les malheureux habitants retrace le souvenir des siècles barbares.
En vain les bourgeois, les gens de loi, qui n'a-
vaient pris aucune part à la révolte, l'université
tout entière, la duchesse d'Orléans elle-même,
vinrent se jeter aux pieds du roi pour obtenir la
grâce, non pas des coupables, ils avaient déja péri,
mais de ceux sur lesquels ne planaient que des
soupçons; ils ne purent rien obtenir : le mois de
février tout entier se passa en exécutions, et les
hommes les plus recommandables y succombèrent.
De ce nombre, dit la chronique, fut Jean des Mares,
avocat du roi au parlement; homme vénérable par
son âge, ses talents, ses services, et encore plus
par sa disgrâce. Il avait servi avec distinction sous
les trois derniers règnes, et avait été anobli lui
et sa famille par le roi Charles V, en 1365. Dans
la sédition des Maillotins, il s'était porté médiateur
entre le roi et le peuple, et avait toujours recom-
mandé la soumission au prince et aux lois. Ainsi,
quoique plaint de la plupart des gens de bien, il se
vit abandonné par eux dans ce moment de terreur

royale. Il eut beau réclamer, comme clerc, la justice de l'évêque, on le comprit dans la sentence de
mort prononcée contre douze bourgeois déclarés
coupables de lèse-majesté. On rapporte qu'allant
au supplice il récitait le psaume 42ᵉ : *Judica me,
Deus, et discerne causam meam.* Enfin il eut la tête
tranchée avec les autres, et laissa au monde un
grand exemple de l'inconstance de la fortune.

Le conseil ne borna pas là sa vengeance. Pour
punir la bourgeoisie entière, le roi, par ses lettres
du 27 janvier même année, prit en sa main la prévôté des marchands, l'échevinage, le greffe, toute
la juridiction, les rentes et les deniers communs
de la ville; il transporta au prévôt de Paris ou à son
lieutenant l'exercice de sa juridiction, qui appartenait à l'Hôtel-de-Ville, tant au fait de la rivière et
de la marchandise, qu'en toute autre chose, et
ordonna que la recette de ses deniers serait faite
par le receveur ordinaire du domaine du roi¹. Il
abolit en même temps toutes les maîtrises et communautés des métiers; permit seulement au prévôt
de Paris d'élire des visiteurs, sur le rapport des-
quels il jugerait les contraventions. Il défendit aussi
qu'il se fît aucune assemblée de métiers par manière de confrérie ou autrement, sans sa permission ou celle du prévôt de Paris en son absence,
si ce n'est pour aller à l'église ou en revenir. Il
abolit de même tous dixainiers, cinquanteniers et

¹ Félibien, Hist. de Paris.

quarteniers, enfin tous les ordres que des siècles
avaient créés et que d'autres avaient confirmés. Cette
tragédie finit par une scène ridicule en plein air,
où on fit venir les femmes des bourgeois échevelées
demander la grâce de leurs maris. Les ducs de
Berry et de Bourgogne firent semblant également
de se prosterner aux pieds du roi, et celui-ci ac-
corda un pardon lorsqu'il n'y avait plus personne
à punir.

CHAPITRE IV.

De l'administration de la ville de Paris depuis le rétablissement de son corps municipal, en 1411, jusqu'à la révolution de 1789.

> « Le royaume de France a sa seureté et sa force dans l'obli-
> « gation qui soumet les roys à une infinité de lois où se trouve
> « la dignité des peuples. » Machiavel, *Du Prince*, IV, ch. 16.

Le pouvoir absolu est agréable à saisir, mais souvent incommode à exercer; prendre n'est pas toujours synonyme d'obtenir, et les libertés publiques ont été quelquefois de bonnes mesures financières. Le gouvernement le sentit après peu d'années du nouveau système d'administration pour la ville de Paris; le prévôt chargé de tout ce qui concernait la municipalité, éprouva bientôt qu'un homme seul ne pouvait pas suffire à l'exercice de ces deux emplois. On rendit donc aux bourgeois la garde de la prévôté des marchands, sans leur en rendre encore la propriété. Jean Jouvenel, dit des Ursins, fut garde de cette prévôté, et eut quelques successeurs dans cette qualité. Charles Culdoé, l'un d'entre eux, obtint, en 1405, la restitution des revenus de la ville pour la réparation des portes, ponts, fontaines, tours, égouts et fossés, où l'on n'avait point travaillé depuis plus de vingt ans. Enfin, après vingt-neuf années de suppression,

Charles VI, apaisé par un châtiment si long, rétablit, en 1411, le Parloir-aux-Bourgeois, et rendit
à la ville sa juridiction, la propriété de son domaine,
ses revenus communs, et tous ses priviléges. Mais les
magistrats nouvellement élus ne surent plus quelles
étaient leurs attributions. Le greffe avait été exposé
au pillage; les archives avaient été dissipées, et
des titres de la ville égarés. Pour remédier à tous
ces désordres, le roi nomma des commissaires qui
travaillèrent à la confection d'une ordonnance générale qui servît désormais de règle dans l'administration de la police et de la justice municipale.
Ce soin fut confié au procureur général, à Jean
Mauloué, conseiller au parlement, au prévôt des
marchands et aux échevins. Et comme la nouvelle
ordonnance ne devait contenir que les anciens
usages, les commissaires commencèrent par ras-
sembler autant qu'ils purent les chartes, papiers,
registres, et autres renseignements anciens. Le roi
ordonna au garde du trésor de ses chartes de rendre
toutes celles qui y avaient été portées des archives
de la ville, et de délivrer des *vidimus* de toutes les
autres. A la preuve par écrit, les commissaires joi-
gnirent une enquête, où ils appelèrent des personnes de tous les états de la ville, les mieux instruites
de ses droits, des vieillards qui avaient passé par ses
charges, d'anciens bourgeois et marchands versés
dans la connaissance de ces affaires, enfin tous ceux
dont on espéra pouvoir tirer quelques lumières. Les

commissaires, après avoir pris leur avis, dressèrent un procès-verbal de leurs dépositions; et, après trois ans de recherches, l'ancien droit de la ville fut enfin rédigé par une ordonnance générale, scellée du grand sceau, au mois de février 1415. C'est ce travail qui composait la loi municipale de Paris, et qui était encore en vigueur au moment de la révolution. L'élection libre et entière en forme les bases [1], et ce principe ne fut altéré que sous les derniers règnes, où la vénalité des charges corrompit toutes les institutions. Plusieurs édits furent même rendus pour prévenir les intrigues qui auraient pu entraver le libre exercice du droit des citoyens [2].

[1] Édit de Crémieu, sous François Ier, en 1536, 1554, et de Charles IX, en 1564, et par Louis XIV, arrêt des conseils des 24 janvier et 12 septembre 1767. Le principe d'élection dominait alors dans les institutions; il avait lieu pour tous les offices du parlement, même pour le chancelier, premier personnage de l'état, et pris dans toutes les classes de citoyens, si bien que Louis XI dut faire chevalier Arnaud de Corbie, pour qu'il pût siéger au milieu de la noblesse. La nomination de Pierre Dorgemont se fit dans une assemblée de deux cents seigneurs, prélats, conseillers et notables bourgeois convoqués au Louvre. « Or çà, a dit le roi, nommez au scrutin secret celui qui par son mérite et ses vertus vous semblera le plus digne d'être chancelier; » et les billets ayant été jetés dans le bonnet d'un page, il en sortit le nom de Pierre d'Orgemont. (Registre du Parlement, ch. 11 et 111.)

[2] Henri III, sur la remontrance des États de Blois, en 1579, promulgua cette disposition : « Voulons que toutes les élections de prévost des marchands, maires, échevins, conseillers et gouverneurs de villes, se fassent librement, et que ceux qui, par autres voies, entreroient en telles charges, en soient ostés et rayés de leur registre. » Une ordonnance de 1619, sous Louis XIII, confirme ces dispositions.

Les officiers principaux de l'Hôtel-de-Ville étaient le prévôt des marchands, quatre échevins, le procureur du roi, le greffier et le receveur. Ces huit personnes composaient ensemble ce qu'on appelait le Bureau de la Ville. Il y avait en outre vingt-six conseillers et dix sergents ou huissiers. Les autres officiers subalternes étaient les quarteniers, au nombre de seize; les cinquanteniers, au nombre de quatre en chaque quartier, qui faisaient en tout soixante-quatre; et les dixainiers, au nombre de deux cent cinquante-six, seize dans chaque quartier; l'architecte ou maître des œuvres de la ville; le capitaine de l'artillerie, l'imprimeur, et le maître-d'hôtel. Les trois compagnies des gardes et archers faisaient aussi partie du corps de ville. Chacune de ces compagnies était de cent archers, auxquelles fut bientôt adjointe la milice bourgeoise, et celle-ci composait, en 1703, cent trente-trois compagnies, dont tous les officiers ainsi que ceux des archers étaient à la nomination du prévôt des marchands et des échevins. C'est cette milice qui a servi depuis de modèle et de principe à l'institution de la garde nationale.

L'élection du prévôt des marchands se faisait tous les deux ans; mais il pouvait être continué jusqu'à quatre fois. Tous les ans les deux plus anciens des quatre échevins sortaient d'emploi, et l'on en élisait deux nouveaux. Voici quel était le mode d'élection à ces deux fonctions: Avant le 16 d'août, jour fixé pour ces nominations, les quarteniers convoquaient une assemblée dans les quartiers pour choisir parmi les notables de la population quatre électeurs pour se rendre à l'Hôtel-de-Ville, et procéder tant à l'élection des scrutateurs qu'à celle des prévôt et échevins. Le jour de l'assemblée générale, le prévôt, les échevins, les conseillers et quarteniers de la ville, après avoir entendu une messe du Saint-Esprit, se rendaient au grand bureau de l'Hôtel-de-Ville. Les quarteniers présentaient le procès-verbal de l'assemblée par eux tenue, et les noms des quatre nommés, chacun écrit à part sur un bulletin. Les quatre noms se mettaient alors dans un chapeau mi-parti des couleurs de la ville, et les deux premiers tirés au sort étaient enregistrés sur une liste avec celui du quartenier. Cette élection faite, on envoyait chercher les dénommés, par les sergents de ville, et quand l'assemblée était ainsi complète, le greffier faisait lecture des ordonnances données au sujet de l'élection, et l'appel nominal de ceux qui devaient composer l'assemblée, après quoi les échevins qui sortaient de charge remerciaient l'assemblée. On procédait alors à la formalité du serment pour la nomination des scrutateurs, en commençant par les conseillers de la ville, selon l'ordre de leurs séances, les quarteniers et leurs mandés, et enfin le prévôt et les échevins. L'élection devait tomber sur quatre personnes, dont l'une serait officier du roi, l'autre conseiller de la ville, la troi-

sième un quartenier, et la quatrième un des bourgeois mandés.

L'élection faite de vive voix, les scrutateurs choisis prêtaient serment ensemble, entre les mains
du prévôt des marchands et des échevins, sur
le tableau de la ville. Après cela, le prévôt et les
échevins quittaient leur place et allaient se mettre
au-dessus des conseillers de la ville; et au lieu qu'ils
venaient de quitter, s'asseyaient les quatre scrutateurs, dont le premier tenait le tableau de ville
pour les serments d'élection, et le second le chapeau mi-parti, pour y recevoir les suffrages. On appelait tous les assistants par ordre; le prévôt le
premier, puis les échevins, les couseillers, les
quarteniers et les bourgeois mandés, qui donnaient
leurs suffrages. Le scrutin fermé, les scrutateurs
passaient au petit bureau, où ils faisaient le dépouil-
lement des bulletins, et un procès-verbal, qu'ils présentaient ensuite au roi, accompagnés du prévôt,
des échevins, des procureurs et greffiers de la ville,
et de ceux qui avaient été élus à la pluralité des
suffrages. L'acte de scrutin était ouvert et lu en présence du roi, et les élus étaient confirmés par le roi et
lui prêtaient serment. A peu de changements près
les mêmes usages se conservèrent jusqu'au règne
de Louis XV; mais alors le nom du prévôt était
indiqué par le roi, et seulement confirmé par le
semblant de l'élection.

Outre la connaissance des matières qui dépen-

dent du commerce par eau, le prévôt et les échevins étaient chargés des subsistances, des approvisionnements de la ville, de la perception et emploi
de ses revenus, dont ils ne rendaient compte qu'au
roi. Ils avaient encore la surintendance des fontaines de Paris, le soin des ponts, des quais, des boues
et des lanternes, de l'entretien du pavé et plusieurs
autres attributions détaillées dans l'édit de 1700,
qui avait réglé les bornes des deux juridictions de
la ville et du châtelet [1]. Les quarteniers étaient commis pour veiller dans les quartiers de la ville à ce
qu'il ne s'y passât rien de nuisible au repos public.
C'était à eux que le prévôt des marchands et les
échevins adressaient leurs ordonnances pour les
distribuer aux cinquanteniers, qui en faisaient part
aussitôt à chaque dixenier, afin que l'ordre fût plus
promptement exécuté dans toute la ville. Ce ré-
seau administratif des élus de la communauté, et
qui ne cessait pas d'en faire partie, contenait ou
mettait en mouvement toute la population. On
conçoit que dans un temps où les tribunaux étaient
à peine organisés, où les parlements n'avaient point
encore de caractère politique ni même d'existence
fixe, où la cour des comptes était soumise à l'auto-

---

[1] Dans les temps éloignés, le tribunal du prévôt des marchands
jugeait les affaires par arbitres, et dans les cas embarrassants, les
arbitres invitaient à se rendre au Parloir-des-Bourgeois les prud-
hommes les plus sages et les plus anciens, afin d'avoir leur avis.
(Voy. Coutume de la marchand. de l'eau de Paris, col. 41.)

rité royale, ce corps de la ville, ainsi composé, siégeant dans un édifice considérable, au centre de la population, devait avoir une grande importance. Les hommes vertueux [1] qui le composaient, forts de la confiance de leurs concitoyens, et distingués par des priviléges [2], des armoiries et un costume éclatant, marchaient de pair avec la noblesse. Leur assemblée formait une chambre de députés permanente uniquement composée de la classe moyenne,

[1] La prévôté et l'échevinage de Paris ne pouvaient être déférés qu'à des personnes irréprochables dans leurs affaires et leur conduite; le moindre retard de paiement ou lettres de surséance en rendait indigne.

[2] De la Roque, Traité de la Noblesse, ch. XLII, art. 5. La noblesse attachée aux charges municipales n'était point une institution moderne; elle existait même chez les Romains. Ne devons-nous pas chérir et honorer, dit le Code, cette noblesse, *hanc nobilitatem*, qui supporte pour nous tant de fatigues. Ces priviléges consistaient de temps immémorial à posséder des fiefs nobles et à jouir de toutes les prérogatives de la noblesse. Ils sont relatés tous dans l'ordonnance du 9 août 1371, confirmée successivement par celles de 1411 et 1577, et réunies dans les lettres patentes de Louis XIV de mars 1669. Le plus ancien prévôt des marchands est Jean Augier, qui l'était en 1268; il eut pour successeur Guillaume Perdoe, Auguste Gentien et Marcel : on a le nom de tous ceux qui ont occupé ces emplois depuis 1415. L'ordonnance de 1658 est ainsi conçue : « Louis, par la grace de Dieu, etc., etc. Les rois nos prédécesseurs ayant considéré combien il importoit à leur grandeur et dignité de cet État de récompenser ceux qui par leurs vertus et louables actions s'étoient fidèlement employés pour leur service, ont dû leur accorder des marques d'honneur qui pussent passer à leur postérité; avons confirmé et confirmons lesdits échevins dans leur titre de noblesse. » Ces titres sont conférés par un édit du roi qui, par une circulaire de 1680, y joint des traitements attribués aux conseillers et quarteniers.

et par là plus véritablement indépendante que les
états-généraux, composés des trois ordres, et qui,
n'étant convoqués que de loin en loin, étaient plus
ou moins soumis à l'aristocratie et au pouvoir royal.
L'Hôtel-de-Ville était le palais, le Louvre du peuple.
C'est là qu'il siégeait par ses représentants, et que
les souverains venaient reconnaître sa puissance en
lui demandant des subsides, ou en recevant ses
présents. Cette auréole populaire ajoutait à la majesté royale, et composait son plus beau cortége.
On voyait ces magistrats électifs, vêtus de leurs lon-
gues robes mi-parties des couleurs de la ville, mon-
tant des chevaux ornés de bride d'or[1], comme les
chevaliers, aller, précédés de leurs archers et de
leurs sergents[2], et suivis de milliers de bourgeois

---

[1] Ordonnance de 1372. Les ædiles, chez les Romains, étaient
également distingués par leur costume :

Sufficiunt tunicæ summis ædilibus albæ.

MARTIAL.

Celui du prévôt des marchands et échevins consistait en robes
de velours ou de satin. A l'entrée de François Ier dans Paris, en
1514, le prévôt des marchands était vêtu d'une robe moitié velours
cramoisi et moitié velours bleu. A la réception du prince de Sa-
voie, en 1619, M. de Mesme, prévôt des marchands, portait une
robe de velours cramoisi à grandes manches, doublée de pluche de
soie, et était monté sur un mulet harnaché de velours noir, couvert de passements, housse et crépines d'or. M. Duplessis, ainsi
que les trois autres échevins, portaient aussi des robes de velours
cramoisi, mais courtes, comme appartenant aux marchands. Lorsqu'un deuil de cour avait lieu, au moment de quelques grandes
cérémonies, le roi faisait ordinairement des présents de velours et
de satin au prévôt et aux échevins. Il en fut ainsi en 1621 et 1627.

[2] Le vêtement de ceux-ci était remarquable par le navire d'ar-

richement vêtus, et du peuple criant, *Noël, noël*[1],
au-devant des souverains à leur entrée dans la ville,
les escorter jusqu'à leur palais, et rendre de semblables honneurs aux princes étrangers, auxquels ils
donnaient une grande idée du luxe et de l'élégance
de la capitale. Dans toutes les cérémonies[2], le prévôt des marchands occupait la droite du gouverneur de Paris, et le corps de la ville marchait parallèlement avec le parlement; celui-ci à droite,
suivi de la cour des comptes, et l'autre à gauche.
Le prévôt de Paris, quoique le premier personnage
de l'administration, le *souverain au fait de la justice*, ne passait qu'après lui[3]; mais la prépondé-

genterie aux armes de la ville, sur la manche. A l'entrée de Henri II,
les bourgeois notables précédaient le cortége, et avec eux 150 enfants richement vêtus, ainsi que les maitres jurés des six corps de
métiers, vêtus pour chaque métier de robes différentes.

[1] Les habits des bourgeois et de leurs femmes différaient peu
de ceux des nobles, mais ceux-ci cherchaient toujours par les lois
somptuaires à établir une séparation : c'était moins l'intérêt de
l'industrie nationale qu'ils voulaient protéger par là, que leur orgueil qu'ils voulaient satisfaire. Ainsi, presque toutes les ordonnances de ce genre commencent de la sorte : « Nul bourgeois ne
bourgeoise portera vair ne gris ne hermine. » (Ordonn. de Phil.-le-
Bel, 1294.)

[2] L'ordre de la marche était le même dans toutes les cérémonies :
entrées de princes, processions, obsèques ou poses de pierres ; il
était réglé par différents édits du roi, et principalement par un arrêt du parlement de 1508. Plusieurs difficultés de préséance eurent
lieu entre la cour des comptes et celle des aides, mais jamais avec
le prévôt des marchands, qui prenait même la place de premier
président du parlement dans l'église, lorsque celui-ci en était absent
en qualité de doyen de l'église. La chose eut lieu en 1555.

[3] Le prévôt de Paris avait conservé le pouvoir des anciens con-

rance de l'Hôtel-de-Ville était à l'Hôtel-de-Ville même, lorsque les gouverneurs de Paris venaient y recevoir une sorte d'investiture. Montmorency, Brissac, Coligny, et plusieurs princes du sang furent de ce nombre [1]; il en était de même lorsque la ville tenait sur les fonts de baptême quelques enfants illustres, tels que le duc d'Anjou, frère de Charles IX [2], le fils de la duchesse de Guise, et plus tard ceux de la duchesse de Longueville; lorsque surtout les souverains venaient y recevoir des fêtes, les plus magnifiques de ces temps [3], et dont les plus belles dames faisaient les honneurs [4]. Aussi

suls; il ne reconnaissait de supérieur que le roi ou le parlement : *Major post principem.* (Joan. Gal., quest. 276, liber p. 152, et ci-dessus.)

[1] Ils étaient reçus dans la grande salle, où un siége de velours noir leur était préparé au-dessus de celui du prévôt des marchands : il en fut ainsi pour l'amiral Coligny en 1551, pour M. René de Ville-quier en 1580.

[2] Catherine de Médicis, en 1566, choisit la ville de Paris pour tenir sur les fonts de baptême le duc d'Anjou, dont on voulait changer le nom. A cet effet, le prévôt des marchands représenta la ville, se rendit à Saint-Germain, où se trouvait la maréchale de Montmorency, la marraine; et, dans la cérémonie, celle-ci tenait le duc d'Anjou par la main droite, et le prévôt par la main gauche.

[3] Le prévôt des marchands était au bout de la table, et les échevins en grande robe surveillaient le service; la table contenait, au diner donné par la ville le 30 janvier 1687, cent cinquante couverts : chaque service était précédé par les trompettes et les tambours de la ville. Le roi avait des plats à part préparés pour lui. Ces repas étaient ordinairement suivis de feux d'artifice et de bals. (Jaillot, quartier de la Grève , p. 20.)

[4] On a conservé leurs noms, entre autres celui de madame de Bellefaste , fille du chancelier de l'Hospital.

n'était - il pas une occasion importante que les
princes ne saisissent pour jouir de ces divertissements. Chaque année on les voyait, le jour de la
Saint-Jean, se couvrir d'écharpes d'œillets, et allu-
mer le bûcher sur la place de Grève; les jours de
carnaval, les anniversaires ou la rentrée des souverains dans Paris étaient marqués par de semblables solennités. Louis XI les aimait particulièrement
et affectionnait la bourgeoisie de Paris; il allait le
soir souper chez les gens de toute condition et récitait chez eux le *benedicite* et s'occupait de leurs
moindres affaires. A son retour de la bataille de
Montlhéry, dit son historien, il trouvait grand plai-
sir à raconter aux dames et demoiselles de Paris les
dangers qu'il avait courus[1], et cherchait ainsi à se
rendre populaire; ce qui ne l'empêchait pas de faire
pendre quelquefois au plus prochain clocher les
habitants qu'il supposait en faute, « lesquels, » dit
la chronique, « faisoient par là-haut contorsions

---

[1] « Le roi étant au dict lieu de Paris, fit de grandes homélies et
bonnes chieres et divers hôtels; le tiers jour de septembre 1465, il
soupa en l'hôtel de maître Guillaume de Corbie, lors conseiller en
sa cour de parlement, et y furent plusieurs damoiselles et hon-
nêtes bourgeoises du dict lieu de Paris; et le roi, récitant son adven-
ture de Montlhéry, dit et déclaira de moult beaulx mots et piteux,
de quoi tous et toutes plorerent bien largement. » (Chronique de Jean
de Troye, sept. 1465.) Saint Louis avait aussi de semblables rap-
ports avec les hommes distingués de la bourgeoisie. Il fit venir à
lui, dit Joinville, et boire et manger à sa table, Robert de Sorbon,
« quoique *fils de vilain et de vilaine*, mais pour la grande renommée
qu'il oyt d'être prud'homme. »

et grimaces, les bons bourgeois [1]. » Louis XIII et Louis XIV firent plus : ils amenèrent à l'Hôtel-de-Ville leurs comédiens, leur musique, et ils y dansèrent eux-mêmes des ballets. Avant de se retirer, ils portaient la santé du corps municipal. A la suite de ces divertissements venaient ordinairement des présents qui n'étaient pas reçus avec moins de faveur. C'étaient quelquefois des levées de troupes [2], des vaisseaux [3], mais plus ordinairement des vases ou des statues d'or et d'argent [4]. « Grand merci! bonnes gens, » disait Charles V en les voyant, « ils sont beaux et riches. » « Je reçois avec une vive satisfaction, » disait Henri IV, « et vos cœurs et vos confitures. » Mais cela ne suffisait pas toujours aux souverains, et souvent ils venaient demander des subsides; c'est alors qu'ils ne craignaient point de s'humilier devant la puissance populaire. La superbe Catherine de Médicis y vint abaisser son front, et y tenir un discours suppliant.

---

[1] Jean de Troie, 1455, p. 29.

[2] En 1315, 1522, 1557, 1636.

[3] C'était le présent que les villes aimaient le mieux à fournir, 1496 et 1507.

[4] Cet usage existait chez les Romains : les villes offraient aux empereurs des couronnes d'or. (Cod. Théod. 12, lib, 13, de Corona aurea.) Le présent offert à Isabeau de Bavière, en 1389, par quarante bourgeois de Paris, pesait 300 marcs tant or qu'argent; celui de la reine Éléonore était plus considérable encore. En 1531, le prévôt des marchands présenta à Charles-Quint, à son passage à Paris, un Hercule en argent de 6 pieds de haut, plantant les deux colonnes de ses armes, avec sa devise : *Plus ultra*.

« Alors, dit la chronique, fut intimé à la reine et
« à sa compagnie qu'elle se retirast en une chambre
« qui lui avoit été préparée près de la grande salle,
« pendant que ladicte compagnie aviseroit quel se-
« cours on pourroit faire au roi; ce qu'elle fit. Et
« après que ladicte dame fut retirée en ladicte cham-
« bre, monsieur le prévôt des marchands mit la
« matière en délibération, et demanda aux assistans
« leur avis, chacun en particulier; tous lesquels
« conclurent et avisèrent de secourir le roi de dix
« mille hommes de pied, pour lesquels seroit levée
« sur tous les habitants de ladicte ville et faubourgs,
« sans en excepter ni exempter aucun, la somme
« de trois cent mille livres tournois. Ce faict, ladicte
« dame revint à ladicte salle; et étant assise en sa
« chaise, lui fut déclarée ladicte conclusion, dont
« elle remercia bien fort ladicte compagnie. »

Cette action de l'Hôtel-de-Ville, ce gouvernement
municipal, ne consistait point seulement en vains
priviléges qu'il eût été possible aux princes qui
faisaient leur séjour à Paris, de briser un jour;
mais ces priviléges étaient appuyés sur une organisation militaire, forte et indépendante dont les magistrats de la ville disposaient seuls.

Paris était alors entouré de murailles flanquées
de grosses tours; ses portes se fermaient réguliè-
rement, et les échevins en gardaient les clefs. Ce
fut la trahison d'un de ces hommes qui en ouvrit
l'entrée à Isabeau de Bavière, dans le temps de

la faction bourguignonne. Le prévôt des marchands recevait le mot d'ordre de la bouche du roi, et le donnait aux capitaines sous ses ordres. Ce magistrat marchait à leur tête dans les émeutes, et courut de grands dangers, entre autres contre les écoliers. La bourgeoisie était enrégimentée; elle élisait ses officiers, réglait leur solde[1], et se formait, par de fréquents exercices, au maniement des armes. Une *montre*, ou autrement revue, sous Louis XI, présenta le nombre considérable de quatre-vingt mille bourgeois, tous armés et vêtus de hoquetons rouges, avec une croix blanche[2].

Dans les circonstances importantes, personne n'était exempt du service personnel; les présidents et conseillers des cours souveraines, les plus riches habitants montaient la garde aux portes de la ville[3].

Il y avait, au coin des rues, de grosses chaînes scellées qu'on tendait à la première alarme pour fermer les quartiers. On faisait à toutes les maisons des saillies qui les rendaient plus propres à l'atta-

[1] Des ordonnances autorisaient les métiers à s'imposer eux-mêmes pour leurs dépenses communes; la plus ancienne est de 1363. (Voy. Laurière, tom. III, p. 628, sur les marchands voituriers.)

[2] On comptait parmi eux jusqu'à soixante-sept bannières des seuls métiers, sans les étendarts et guidons de la cour du parlement, de la chambre des comptes, le trésor, la chancellerie et l'Hôtel-de-Ville. (Félibien, tom. II, p. 858.)

[3] « Nous sommes, dit Pasquier, devenus maintenant tous guerriers désespérés; le jour nous gardons les portes, la nuit faisons le guet, patrouilles et sentinelle. Bon Dieu! que c'est un métier plaisant à ceux qui en sont apprentifs. » (Liv. 2, lettr. 1.)

que et à la défense ; enfin, le peuple avait ses bannières, des places d'assemblée fixes, des mots de ralliement, et dans les syndics des différents métiers et des confréries[1] de métiers, des chefs habiles et courageux. Leurs principaux postes étaient aux deux châtelets, aux prisons, à l'Hôtel-de-Ville, et devant les reliques de la Sainte-Chapelle[2].

La ville était divisée en seize quartiers, dont chacun avait un conseil électif, et formait comme une petite république fédérative, origine des districts, des sections, des municipalités, transformés aujourd'hui en douze arrondissements, mais qui, à cette époque, correspondaient avec l'Hôtel-de-Ville, et suivaient ou dirigeaient son impulsion. Chacun de ces quartiers était sous le commandement d'un quartenier, qui avait lui-même sous ses ordres les dixainiers et cinquanteniers[3], qui, au premier signal, réunissaient autour d'eux les bourgeois les plus notables, les plus énergiques et les mieux armés. Ce fut une contre-organisation semblable qui donna tant de force à la Ligue pendant quelque temps. Le nom de Conseil des Seize vient du nombre de quartiers. On se servit du cadre existant,

[1] Ordonnance du 6 mars 1363.

[2] Les églises avaient aussi leur guet dans leur juridiction, mais ces soldats devaient porter leurs armes dans un sac. (Arrêt du parlement du 19 mai 1363.)

[3] Cette dénomination paraît déja dans les emplois municipaux dans le 7ᵉ siècle, et dans les 8ᵉ et 9ᵉ. Duchesne, Hist. de France, t. 1, p. 881.

et alors s'élevèrent les premières barricades, qui se reproduisirent depuis, et qui rendirent la force populaire si redoutable [1].

De rues en rues, de quartiers en quartiers, l'insurrection gagnait ainsi et paralysait la résistance; elle cernait la force armée dans autant de prisons, de blocus. Mais il faut le dire à la louange des habitants, jamais ils n'abusèrent de cette terrible puissance, qui aurait assuré au contraire la solidité du trône, si les souverains avaient su toujours l'apprécier. Les scènes qui, à diverses époques, ensanglantèrent la capitale, furent toujours produites par les menées coupables des gens à la tête des affaires, et toujours le corps de la ville et les habitants considérables tentèrent de s'y opposer.

Il en fut ainsi lorsque les factions de Bourgogne

[1] La première barricade eut lieu dans la fameuse journée du 12 mai 1588, qui en a conservé le nom, et qui semble avoir servi de direction à toutes les autres, car le mouvement populaire eut lieu absolument sur les mêmes points. Au premier signal, les chaines sont tendues dans toutes les rues, une barricade *modèle* s'élève à la place Maubert avec des tonneaux remplis de terre; et de proche en proche il en est établi de semblables partout. Attaquées aussi par derrière, les troupes du roi se replièrent en désordre sur le Louvre, assaillies par une grêle de pierres et le feu de la mousqueterie; les Suisses surtout sont écharpés; Henri III parvient à s'échapper en gagnant les Tuileries. Le 26 août 1648 semble être une pâle copie de cet événement : deux mille barricades s'élevèrent décorées de drapeaux, et encore là les troupes occupant le Pont-au-Change, le Pont-Neuf et le Pont-Royal, sont forcées de se replier par les quais et de venir se ranger en bataille devant les Tuileries. Même plan d'attaque le 28 juillet 1830, mêmes résultats du peuple, mêmes succès; mais alors il sait mieux profiter de sa victoire.

et d'Armagnac ensanglantèrent la capitale. Le massacre des prisons, si semblable à ce qu'on a vu de nos jours[1], le pillage régulier, le système de terreur qui régna quelque temps, étaient l'effet des passions haineuses des oncles du roi, qui, étrangers à tout principe de patriotisme et d'humanité, ne songeaient qu'à satisfaire leur ambition ou leur avidité. Ces deux chefs cruels, dont l'un épuisait le royaume par ses exactions, et l'autre le livrait à l'étranger, doivent seuls porter la réprobation des crimes commis par leurs honteux et vils instruments.

La saine population de Paris, la classe éclairée, refusa toujours de prendre part à ces horreurs, et en arrêta à plusieurs reprises le cours[2]. Le respectable prévôt des marchands Charles Culdoé, avec tous ses échevins, conseillers de ville, et trois cents des plus notables bourgeois, désespérant de maintenir l'ordre au milieu de ces furieux, et ne voulant faire cause commune avec aucun des deux partis, s'éloignèrent de la ville[3], et n'y rentrèrent qu'au

[1] Un homme tenait les noms des prisonniers, les appelait l'un après l'autre, et, à leur sortie, ils étaient massacrés. De ce nombre furent les évêques de Coutance, Senlis, Bayeux, du président au parlement ; leurs corps restèrent exposés également.

[2] Ce parti modéré de la bourgeoisie est celui qui dans tous les temps a prévalu. Il avait alors pour chef le duc de Berry ; et toutes les fois que les délibérations eurent lieu par quartier, il l'emporta sur les agitateurs. (Capefigue, tom. IV, p. 3o.)

[3] Les seules corporations des bouchers et des écorcheurs, gens à cette époque de mœurs grossières, quoique ayant acquis de grandes richesses à Paris, et seulement quelques familles, com-

moment où, d'accord avec une autre partie des bourgeois de la ville, ils ouvrirent les portes à Charles VII, et chassèrent de Paris les Anglais. Il faut oser le dire cependant, bien que cette opinion ne soit point celle des principaux historiens, la conduite des princes et des nobles avait inspiré une telle horreur à la masse du peuple et même à la plus grande partie de la bourgeoisie, que le parti bourguignon, quoique celui des étrangers, était plus en faveur dans Paris que l'autre; ainsi que l'a très-bien remarqué M. Capefigue, les Armagnacs représentaient la gentilhommerie et la haute bourgeoisie, les bourguignons, au contraire, le peuple et l'industrie; le peuple avec ses violences sans doute, mais aussi avec ses libertés; et c'est ainsi qu'on peut s'expliquer comment ce parti, quoique contraire à la dignité nationale, se soutint si long-temps. Le parlement, l'université, les halles, les métiers penchaient pour lui. Le duc de Bourgogne avait hérité de la popularité et de l'influence du roi de Navarre, et il savait mieux la ménager. On le voyait sans cesse parcourir les halles, suivre à pied le convoi des principaux habitants, et sans les excès de ses honteux acolytes il aurait peut-être triomphé.

mirent les premiers attentats, et étaient entraînées par le fanatisme de la Sorbonne; mais après la première surpise, l'honnête bourgeoisie de Paris, quoique décimée sous les règnes précédents, reprit son empire, et chassa ses oppresseurs. (Juvénal des Ursins, p. 337; Sismondi, tom. XII, p. 514.)

Depuis cette époque l'histoire de Paris ne présente aucune catastrophe particulière, jusqu'à l'événement à jamais déplorable de la Saint-Barthélemi.

C'est après beaucoup d'instance, et en quelque sorte par surprise, que la cour entraîna le prévôt des marchands et les chefs des quartiers à participer à cet horrible massacre; et à peine eut-il commencé, le soir même du dimanche, que le roi, à la demande des officiers municipaux, du prévôt Charron et des échevins, fit publier à son de trompe une ordonnance pour arrêter l'effusion du sang et le pillage; et d'après l'esprit du temps, il fallait du courage pour résister à l'entraînement des passions populaires encouragées par la cour et par le parlement. Le conseil de la Ligue trouva une égale opposition dans les magistrats municipaux; aucun conseiller ou échevin ne voulut en faire partie. Le prévôt des marchands fut même du nombre

---

¹ « Et ayant entendu par le roi, ledit jour S. Barthélemy, sur les onze à douze heures du matin, par les remontrances qui lui en auroient été faites par lesdits prévôt des marchands et échevins, et plusieurs, tant de la suite de sa majesté que des princes et seigneurs de la cour, tant gentilshommes, archers de la garde de son corps, soldats de sa garde et suite, que toutes sortes de gens et peuple mêlé parmi, et sous leur ombre, pilloient et saccageoient plusieurs maisons et tuoient plusieurs personnes par les rues, auroit été ordonné et commandé par sa majesté auxdits prévôt des marchands et échevins, sur leurs remontrances, plaintes et doléances par eulx faictes à sadite majesté desdits pilleurs, saccagements de maisons et meurtres, montés à cheval et ce accompagnés de toutes les forces de ladite ville, et faire cesser tous lesdits meurtres, pilleurs, saccagements et sédition. »

de ceux qui voulurent faire arrêter le duc de Guise à son entrée à Paris, et couper court à l'instant à la Ligue et à ces malheureuses guerres de religion qui, alors, divisaient les habitants et causaient tous les maux.

Les barricades de la Ligue, qui commença ce système de défense populaire, mieux employé depuis, furent l'ouvrage des moines, des Seize et des écoliers. Les bourgeois, pris à l'improviste, bornèrent à la défense de leurs maisons; les autorités municipales y eurent si peu de part, que le duc de Guise fit mettre à la Bastille le prévôt des marchands, le sieur de Pereuse, et destituer les échevins. Le lendemain il n'eut rien de plus pressé que de se rendre à l'Hôtel-de-Ville lui-même pour y casser le corps municipal et en faire nommer un autre à un scrutin à haute voix, contre l'usage, et ceux-là même encore qui furent ainsi proclamés, n'acceptèrent ces fonctions qu'à la condition d'être confirmés par le roi.

Ce fut le nouveau prévôt des marchands qui tint au nom de la ville sur les fonts de baptême le fils posthume de la duchesse de Guise, qui fut nommé Alexandre Paris. Le duc changea également de sa seule autorité les capitaines et officiers de la milice bourgeoise, et des quartiers, exigeant qu'ils fussent tous, ainsi que leurs sous-officiers, catholiques. Toutes ces mesures expliquent suffisamment les excès et les folies qui affligèrent les gens de bien pendant cette époque.

Il n'en fut pas de même du temps de la Fronde, sorte de révolution populaire, parlementaire, à laquelle tous les esprits étaient préparés, et qui s'accordait avec tous les intérêts comme avec toutes les passions. « Les marchands dans leurs boutiques, « dit naïvement madame de Motteville, raison- « noient des affaires de l'état, et étoient *infectés de* « *l'amour du bien public*, qu'ils estimoient ~~plus que~~ *être le leur en* « ~~leur avantage~~ particulier. » Le caractère impérieux d'Anne d'Autriche, l'administration de Mazarin, avaient produit un mécontentement général, et qui n'attendait que l'occasion d'éclater ; elle se présenta au moment de l'arrestation des deux conseillers Broussel et Blancmesnil. Les relations du temps rapportent qu'en moins de trois heures cent mille hommes furent sous les armes, et deux mille barricades dressées avec tant d'intelligence, que, de l'aveu des gens de guerre, aucune armée n'eût été capable de les forcer. Ces espèces de citadelles étaient formées de barriques pleines de sable, élevées les unes sur les autres, et jointes entre elles par des chaînes de fer ; elles étaient revêtues d'un rang de pierres de taille, et quelques-unes si hautes, qu'il fallait des échelles pour les franchir. Il y en avait de semblables à l'entrée de chaque rue ; des corps de bourgeois en armes se tenaient derrière pour les garder ; une ouverture pratiquée dans le milieu, et fermée, au besoin, de fortes chaînes, ne laissait passer qu'une personne à la fois ; les fenêtres des maisons voisines étaient garnies de pavés pour assommer les assaillants.

Mais du moment où cette manifestation générale se changea dans l'ambition personnelle des princes, des hommes puissants alors, que le bonheur public ne fut plus que le prétexte des vengeances ou des intrigues particulières, les bourgeois de Paris et les magistrats déployèrent, à plusieurs reprises, un grand caractère ; le prévôt des marchands le Ferron et les échevins maintinrent leur autorité, et ne cédèrent qu'à la violence de la populace ameutée par les agitateurs. Le massacre de l'Hôtel-de-Ville, dénoûment de cette tragi-comédie de quatre ans, vit succomber, après une vive résistance, les meilleurs citoyens ; le prévôt des marchands eut beaucoup de peine à échapper aux furieux, et le maréchal de L'Hospital, gouverneur de Paris, né put se soustraire à leur rage qu'en cachant son cordon bleu et en prenant un habit d'huissier. Il faut l'avouer cependant, les commencements de cette époque furent le moment brillant de l'Hôtel-de-Ville, et l'apogée de son influence. C'est dans ces vastes salles que se réunissaient les princes, les plus grands seigneurs de la noblesse et du clergé, les principaux membres du parlement et des autres cours, avec les officiers de la ville, et les députations de tous les corps de métiers, animées du même zèle pour la réforme des abus et la fondation d'une sage liberté. L'assemblée du 19 avril, et

les remontrances qui en furent le résultat, présen-
tèrent un grand et noble spectacle[1]. Des combats
et des fêtes succédaient à ces délibérations, et
ajoutaient une couleur chevaleresque à ces temps
singuliers; et l'enthousiasme s'exhalta jusqu'à l'ivres-
se parmi les défenseurs de cette cause populaire,
lorsque les duchesses de Longueville et de Bouil-
lon, toutes deux d'une éclatante beauté, traversè-
rent à pied la place de Grève, et montèrent à l'Hôtel-de-Ville, où elles déclarèrent « vouloir loger
« sous la garde des bourgeois, comme ôtages de la
« fidélité de messieurs leurs maris, et de leur zèle
« pour le service de la ville et du parlement. »

Après cette époque il ne resta plus qu'un simulacre de l'administration municipale; le long règne
de Louis XIV, son gouvernement absolu, le faible
ministère du cardinal de Fleury, laissèrent rem-
placer l'élection libre et populaire des officiers municipaux par la vénalité de leurs charges[2] et
l'influence de la faveur royale. Un sage historien re-

---

[1] « Il est impossible, » dit cet écrit en parlant du cardinal Mazarin, « que les oracles soient respectés qui sortent d'une bouche mes-
prisée, et sans respect il n'y a point d'autorité. » (1652.)

[2] Non seulement les échevins recevaient des présents consistant
en robes, bougies, sucreries, médailles, mais encore des traitements,
fixés par le réglement de 1783, à 8000 fr. pour le premier échevin,
6000 pour les autres, sans compter les jetons de présence. (Voy.
art. 5 du réglement pour fournitures de la ville de Paris, août
1783; les bourses de jetons de cuivre et d'argent. Comptes des domaines de Paris, ann. 1469; Sauval, lib. 9, ann. 1474; Moulin,
15e liv., tom. II, p. 348.)

garde comme une des causes de la chute de l'ancien gouvernement ce mépris pour le droit municipal et le trafic honteux de ces charges, substitués à une autorité paternelle et tutélaire [1]. « Les maximes du courage, disait Omer Talon, sont endormies, et avec elles la liberté. » Mais ce feu sacré ne fut point éteint, et il devait bientôt se reproduire dans la plus vaste explosion.

Nous touchons au plus grand drame politique que nous offre l'histoire des peuples ; et ce drame, son théâtre, ses acteurs, se trouveront à l'Hôtel-de-Ville de Paris, et, comme jadis, appartiendront à l'action municipale de cette grande ville. Nous avons vu dans le tableau qui précède combien la population industrieuse s'était accrue ; l'organisation des corps de métiers, des *bourgeois hansés* ; l'influence qu'ils exerçaient dans tous les événements importants. La puissance même de Louis XIV, aidé de l'appui de la noblesse et du clergé, avoit peine à comprimer l'élan de la liberté ; et les triomphes, les fêtes du grand roi, n'apportaient que de faibles diversions au mouvement des esprits. Le long som-

---

[1] Raynouard, Introduct. au Pouvoir munic., p. xlviii. C'est sous Louis XIV, en 1692, que l'élection fut enlevée aux villes, afin d'en faire un moyen de revenu ; cependant la chose n'avait pas lieu entièrement pour la ville de Paris, qui conserva toujours un simulacre d'élection pour les prévôts, échevins et quarteniers ; mais les procureurs-syndics, mais les autres officiers-commissaires, achetaient leurs charges, ce qu'on appelait annoblissements de cloches. (Loyseau, traité des Offices, lib. 5, ch. 6.)

meil des parlements, ces défenseurs du peuple, le silence de la presse, ne pouvaient tromper la sagacité d'un peuple actif, laborieux, éclairé. Louis XIV le sentit, et l'orgueil de ce monarque impérieux en fut blessé; il songea à porter à Versailles le siége de son gouvernement. Il se sentait gêné, dit Saint-Simon, dans une ville où les actes de son autorité trouvaient une critique journalière.

Cette mesure impolitique eut une grande influence sur les événements qui suivirent; la cour fut nécessairement accompagnée des personnages les plus considérés, mais qui perdirent, en quittant Paris, le peu d'influence qu'ils y exerçaient. La société ou ce qu'on appelait le monde présentait alors une réunion d'hommes pris dans toutes les classes, noblesse, finance, bourgeoisie, littérature, unis entre eux par l'attrait de l'esprit et le charme des jouissances de la vie, qui ne connaissent ni étiquette ni supériorité; les arts et les sciences, les plaisirs et le goût régnaient à Paris en opposition avec la cour qui jalousait leur influence. On allait à Versailles solliciter des faveurs, et on venait en jouir à Paris. La cour avait le pouvoir de droit, mais Paris avait la véritable puissance de fait; la puissance qu'on appelle la mode dans les temps frivoles, et l'opinion dans les moments sérieux. De ce mouvement des esprits qui ne se portait autrefois qu'à de vaines critiques, était née, sous Louis XV, une fermentation sourde, un besoin d'innovation qu'il eût été habile de satisfaire, mais qu'on résolut de comprimer. Voyons, pour arriver à ce but, quelle était l'organisation politique.

L'administration municipale de Paris était partagée entre le parlement, le bureau des finances, la chambre des bâtiments, le lieutenant-général de police, ou le châtelet, le prévôt des marchands et échevins, ou le bureau de ville.

Le parlement avait l'administration d'une partie des prisons, la haute police et la juridiction sur toutes les affaires municipales qui ne ressortissaient pas au conseil d'état, telles que la grande voirie.

Le bureau des finances avait une juridiction en matière de grande voirie, immédiatement, et en matière de petite voirie, par l'intermédiaire des commissaires.

La chambre des bâtiments avait la police de surveillance sur les bâtiments, la juridiction de cette police ; elle connaissait en outre des contestations privées sur le fait des constructions.

Le lieutenant-général de police avait d'abord toute la police des personnes ; plus, quant aux choses, le nettoiement, l'illumination, les halles et marchés, la boucherie, l'exécution des statuts et réglements des corps et communautés ; les poids et mesures, le mont-de-piété, le bureau des nourrices, le corps des pompiers, la voirie de Montfaucon, etc. Il exerçait dans Paris et sa banlieue, en matière de police, la même autorité que les intendants des généralités.

Les prévôts des marchands et les échevins géraient les revenus communaux; ils avaient les travaux publics et l'administration des boulevarts et des fontaines; la police administrative et contentieuse sur les ports, quais, ponts; les approvisionnements et l'exercice de la voirie sur quelques points.

Il est aisé de voir combien cette organisation, résultat de lois rendues à diverses époques, était vicieuse, par le conflit des attributions entre l'autorité municipale et le gouvernement, et le défaut d'unité pour le maintien du bon ordre. Elle aurait pu suffire néanmoins tant que les citoyens n'avaient aucun lien entre eux, et que la force publique pouvait se porter sur un point menacé. Mais cette action devenait impuissante devant une circonstance quelconque qui aurait appelé les habitants à se réunir et à se concerter sur leurs communs intérêts.

Cette circonstance se rencontra dans la convocation des états-généraux sous la forme de ceux de 1614. Ici commence, pour l'Hôtel-de-Ville et le pouvoir municipal de Paris, une série d'événements plus importants, d'une plus haute portée, que nous allons chercher à retracer fidèlement.

CHAPITRE V.

Administration de la ville de Paris, depuis la révolution de
1789 jusqu'à celle de 1830.

> « Honestas consuetudines et rationabiles libertates
> « civitatum. » Bulle du pape Lucien III aux habitants
> de Reims.

L'ORDONNANCE de M. Necker divisa la ville en
soixante districts, pour procéder à la nomination
d'un électeur sur cent individus payant un cens de
deux journées de travail, sorte d'assemblée primaire qui ne devait se réunir qu'un jour, et pour
une seule opération, mais qui bientôt se constitua
permanente. Les électeurs nommés ainsi devaient
se rendre à l'Hôtel-de-Ville pour procéder à la rédaction des cahiers ou remontrances, et à la nomination des députés, fixée, pour Paris, à quarante.
On voit qu'il allait naître ainsi de nouveaux rap-
ports entre les habitants; qu'il allait se présenter
dans chaque subdivision locale des notabilités autour desquelles les masses se réuniraient, et crée-
raient une force qu'il serait difficile de contenir.
C'était une sorte de nouveauté que d'être quelque
chose; et cette première concession de puissance
fut accueillie avec satisfaction, et exercée avec or-

dre. Par une raison qu'il n'est pas facile d'expliquer,
les opérations électorales de Paris avaient été dif-
férées jusqu'à la nomination entière des députés du
royaume, et l'assemblée était au moment de se réunir le 4 mai, qu'aucune disposition n'avait été prise
pour Paris. Les districts furent convoqués tout à
coup le 20 avril, et durent terminer leurs opérations en vingt-quatre heures, c'est-à-dire nommer
un électeur et rédiger les bases d'un cahier de
remontrances ou de vœu. La ville de Paris fit ou-
vrir l'assemblée dans chaque district par un échevin ou un conseiller de ville; mais dans la plupart
des localités on ne reconnut pas ce droit, et on pro-
céda par scrutin à la nomination du président et
du commissaire, pour la rédaction des cahiers, et
enfin des électeurs qui devaient se rendre le lendemain à l'Hôtel-de-Ville. Ils se trouvèrent en effet
réunis au nombre de quatre cents dans cet antique
édifice qui, depuis plus d'un siècle, n'entendait plus
résonner les mots de liberté, de pouvoir populaire.
Ce fut un beau spectacle de les y voir prêter serment, non plus seulement au prince, mais à la
patrie, non plus seulement sur la part qui devait
leur revenir dans le paradis comme jadis, mais
sur leur conscience, et les élans de patriotisme qui
les animaient.

Les premiers articles du cahier qu'ils rédigèrent
portaient la renonciation à tous les priviléges de

noblesse, de droits féodaux accordés aux autorités municipales de la ville, et le vœu de voir créer bientôt une municipalité élective se renouvelant tous les trois ans, pour gérer les revenus communaux et aviser à toutes les améliorations dont la ville était susceptible.

Après la nomination des députés, et au moment de se séparer, le 10 mai 1789, les électeurs, par une sorte de prévision prophétique, s'étaient promis de se réunir périodiquement pour correspondre avec leurs députés ; une salle dans l'Hôtel-de-Ville leur ayant été accordée à cet effet, ils s'y trouvèrent tous portés, tous établis au moment où les événements graves qui commencèrent la révolution rendirent nulle l'action du gouvernement, et appelèrent l'intervention de citoyens respectables et amis du peuple pour modérer ses passions et maintenir l'ordre dans l'absence de toutes les autorités.

Elles avaient en effet disparu, et on vit alors sur quelles faibles bases reposait le pouvoir. Les fonctions de prévôt des marchands, d'échevins, de conseillers de ville, données, les unes à la faveur, d'autres à la vénalité, n'inspiraient aucun respect, aucune considération. L'intendant de Paris, M. Berthier, le lieutenant de police, M. de Crosne, étaient en fuite. Le châtelet avait cessé de juger ; le parlement lui-même, si puissant jadis, si populaire en l'absence de tout autre contre-poids, n'était plus rien

du moment où le peuple lui-même se faisait justice.
L'assemblée des électeurs qui, les premiers jours,
n'avait fait que délibérer sur la situation des affaires, se trouva donc former bientôt un point général de ralliement, un gouvernement de l'opinion
vers lequel tous les vœux, toutes les espérances se
portèrent. Le prévôt des marchands, les échevins,
se réunirent à eux; les cours de justice leur en-
voyaient les prisonniers après leur interrogatoire;
les districts réunis leur demandaient des ordres.
Ces hommes courageux et zélés se déclarent en
permanence, se partagent les fonctions, affrontent
tous les dangers pour parer à tous les besoins. Dès
six heures du matin, le 14 juillet, l'Hôtel-de-Ville
était rempli de députés des districts, de citoyens de
toutes les classes, venant réclamer les charrettes
qui avaient été arrêtées aux barrières, venant demander des fusils, des instructions, ou faire des
offres de service. Paris présentait l'aspect d'un camp
dont l'Hôtel-de-Ville aurait été le quartier-général.

Qui pouvait penser que quarante-un ans après,
à la même époque, la même scène devait se reproduire, et que le peuple y viendrait replacer ce même
drapeau tricolore, ce premier et dernier signal
de son élan vers la liberté!

Entre ces deux époques enfermant dans un cadre
près d'un demi-siècle, l'administration de Paris
éprouve de notables changements. L'assemblée

spontanée des électeurs les premiers jours de juillet avait été remplacée, le 25 du même mois, par une municipalité provisoire composée de cent vingt députés des districts, sous le titre de *représentants de la commune*, qui eux-mêmes devaient céder leurs places à des autorités constituées par la loi. Un décret de l'assemblée constituante, du 14 décembre 1789, abolit toutes les municipalités du royaume, et les recomposa sur une base nouvelle.

On avait senti les inconvénients de la centralisation des intendances et on se jeta peut-être dans l'excès contraire. Comme tout avait été mal autrefois, on crut que l'opposé était le mieux; de là cette disposition à placer l'exécution dans les corps délibérants et à laisser l'interprétation des lois à chaque localité. La ville de Paris eut surtout à souffrir de cette mesure dans les premiers moments. Nous avons vu qu'elle était divisée en soixante districts, qui formèrent autant de centres d'autorité et l'image bientôt d'autant de petites républiques fédératives. Chaque district avait un conseil, dont il nommait le président et le vice-président, qui décidait de toutes les affaires de police administrative. Dans ce district il y avait un état militaire composé de cinq compagnies de cent hommes chacune, dont quatre de volontaires et une soldée; les officiers étaient nommés par les districts. Cette multitude d'administrations particulières causait un grand désordre. Ce qu'un district demandait était désapprouvé par un autre ; enfin de tous côtés il se manifesta le vœu de voir créer une municipalité définitive à Paris. L'assemblée des représentants de la commune confia ce soin à un comité de vingt-quatre membres, composé des citoyens les plus recommandables, tels que MM. Thuriot, Fouché, Condorcet, Semonville, Mollien, etc. Leurs premières délibérations concernèrent les fonctions du pouvoir municipal qui devaient consister, sous la surveillance et l'inspection du département,

1.º A régir les biens et revenus communs de la ville ;

2.º A régler et acquitter les dépenses locales qui devaient être payées des deniers communaux ;

3.º A diriger et faire exécuter les travaux publics qui sont à la charge de la ville ;

4.º A administrer les établissements de bienfaisance qui appartenaient à la commune ;

5.º A veiller à l'exercice d'une police bien dirigée ;

6.º A exercer une police immédiate sur les subsistances et approvisionnements, de créer ou de conserver les établissements destinés à les assurer, etc.

7.º Tout le contentieux de la police, des subsistances et approvisionnements, et autres objets du ressort de la municipalité, rentrait dans les attributions d'un tribunal à ce destiné, et désigné sous le nom de *tribunal de la ville.*

8° La force militaire, désignée sous le titre de garde nationale, fut subordonnée au pouvoir civil de la commune.

On proposa de la mettre aussi à la disposition des tribunaux pour prêter main forte à l'exécution de leurs jugements : cette proposition fut écartée. Après avoir établi les attributions, le comité régla les devoirs des administrateurs, et voulut que ceux d'entre eux qui auraient signé les délibérations ou les arrêtés en fussent les seuls responsables;

Que ceux qui auraient refusé leur signature seraient tenus de les exécuter provisoirement en ce qui les concernait, avec la réserve d'en référer au corps ou au conseil municipal; faute par eux de recourir à ce référé, à la plus prochaine séance de l'assemblée municipale, les délibérations ou arrêtés leur devenaient personnels, et ils en assumaient la responsabilité.

Les administrateurs ne devaient avoir aucun maniement de deniers ni en recettes, ni en dépenses : les recettes étaient faites et les dépenses acquittées par le trésorier de la commune. Ils rendaient, tous les trois mois, le compte sommaire de leur administration au conseil municipal, et leurs comptes définitifs, chaque année.

Ces comptes devaient être imprimés, et chaque

citoyen actif pouvait en prendre connaissance, et même des pièces justificatives, au greffe de la ville sans déplacement et sans frais.

Les administrateurs étaient de plus astreints, en tout temps, à donner connaissance de leurs opérations au maire, au corps municipal, au conseil général de la commune, lorsqu'ils en seraient requis; le procureur de la commune avait également le droit d'exiger d'eux toutes les instructions qu'il jugerait nécessaires.

Le conseil général de la commune était composé de 216 membres, au moins, compris les membres du conseil municipal, et non compris le maire. Les assemblées de ce conseil étaient présidées par le maire; en son absence, par le président ou le vice-président élus dans le conseil général parmi les notables seulement, et en leur absence, par le doyen d'âge des notables présents à l'assemblée.

Le corps municipal était forcé de convoquer le conseil général, lorsqu'il s'agissait de délibérer sur des acquisitions ou aliénations d'immeubles; sur des impositions extraordinaires pour dépenses locales; sur des emprunts; sur des travaux à entreprendre; sur l'emploi du prix des ventes, des remboursements ou des recouvrements; sur les procès à intenter; et enfin sur des procès à soutenir, dans les cas où le droit serait contesté.

Tel fut le fond du projet de loi d'abord d'une municipalité provisoire, et enfin d'une municipalité définitive, tel qu'il fut arrêté par la loi du 21 mai 1790, qui régit la matière, sans exception, pendant deux années. Aux termes de cette loi, la municipalité de Paris fut composée d'un maire, de seize administrateurs, de trente-deux conseillers, de quatre-vingt-seize notables, et d'un procureur de la commune.

Le maire, les administrateurs, les conseillers, les notables, et le procureur de la commune, étaient élus par les citoyens actifs, et ne pouvaient être destitués que pour forfaitures préalablement jugées.

Le maire et les seize administrateurs composant le bureau, les trente-deux conseillers réunis au bureau, formaient le conseil municipal. On donnait la dénomination de *conseil général* à la réunion du conseil municipal et des quatre-vingt-seize notables.

Lorsqu'il s'agissait de délibérer sur des objets d'une importance majeure, ces circonstances étaient indiquées par la loi avec une précision qui ne laissait rien à désirer.

Le travail du bureau était divisé en cinq départements : 1º celui des subsistances; 2º celui de la police; 3º celui des finances; 4º celui des établissements publics; 5º celui des travaux publics.

Chaque département rendait compte de ses opérations au conseil municipal, et le maire les surveillait tous.

Enfin la loi établissait une force militaire, sous le nom de *garde nationale parisienne*, dont elle donnait la direction et le commandement au conseil municipal.

Par l'effet de cette organisation, la police, jusqu'alors dans la justice, en sortait et passait dans les attributions de la municipalité. Le maire et la section du bureau, dite *de la police*, en étaient chargés, et l'exerçaient sous la surveillance du conseil municipal.

Cette organisation était vraiment municipale et le produit complet de l'élection. Pendant les deux années qu'elle fut en vigueur, la ville de Paris fut administrée avec ordre, justice et économie; les hommes les plus respectables et les plus éclairés ne dédaignèrent point d'en faire partie; et si jamais on veut revenir à un ordre de choses vraiment émané de la communauté, c'est aux lois et institutions de ce temps qu'il faudra revenir.

Cette forme d'administration dura jusqu'au 10 août 1792, époque de tristes et importantes innovations qui détruisirent la monarchie constitutionnelle, comme le 14 juillet avait anéanti l'ancien régime, qui finirent même le pouvoir municipal; car on ne peut appeler de ce nom l'envahissement de ces fonctions par quelques hommes violents qui dans chaque section surent imprimer la terreur à la masse des citoyens paisibles et industrieux.

Un plan d'insurrection contre ce qui restait de la monarchie est habilement conçu; un comité insurrectionnel, semblable à la faction des Seize, établit comme elle un foyer d'action dans chaque quartier, et les chefs connus ou cachés de l'attaque du 10 août veulent exploiter leur sanglante victoire.

Des commissaires des sections, au nombre de cent quatre-vingts, se rendent à l'Hôtel-de-Ville, y suspendent la municipalité, cassent les juges de Paris, nomment de leur pleine autorité Santerre au commandement de la garde nationale, et l'assemblée législative, obéissant à cette nouvelle autorité, ordonne que les quarante-huit sections nommeront chacune un membre pour remplir la charge d'administrateur du département. C'est de cette nomination et de la loi du 30 août et 2 septembre qu'est née la trop célèbre *commune de Paris*, qui gouverne non seulement la capitale, mais le royaume, et ne se soumet déja plus aux ordres de l'assemblée. Elle s'arroge le droit de donner seule les passe-port; elle envoie aux armées des commissaires plus puissants que les généraux mêmes. Elle ordonne que Louis XVI occupera le Temple au lieu du Luxembourg, où l'assemblée l'avait envoyé. Sur la proposition de Robespierre, l'ancienne administration est réduite au seul recouvrement des impositions; la ville tout entière est déclarée en état de suspicion. Des visites domiciliaires s'exécutent dans chaque maison; les prisons sont encombrées d'innocentes victimes; enfin la police, qui du gouvernement était passée, en 89, à la municipalité, passe alors de celle-ci aux sections, et des sections dans chacun des clubs qui les dirigent. Mais de plus sanglantes résolutions devaient sortir du nouveau pouvoir; la populace et les hommes qui l'entraînent s'asseyent au pouvoir, ils s'y enivrent. L'approche des étrangers excite toutes les passions; elle est pour les uns la cause, pour d'autres le prétexte d'attentats horribles.

Les massacres de septembre, pour lesquels un crédit est ouvert à la ville sous le nom de *justice du peuple*, sont le prélude à ces sanglantes orgies. Bientôt ce parti même, considéré comme trop modéré, est renversé par un plus violent, par les assassins du 31 mai. Tout ce que la capitale renferme de respectable, d'éclairé, est jeté dans les prisons et traîné de là sur l'échafaud; la jeunesse, le talent, la beauté sont immolés à la fois. Jusqu'à ce que les excès même du crime obligent Robespierre à retourner contre ses odieux complices les armes qu'ils employèrent pour lui. Hébert, Chaumette, Pache, Ronsin tombent à leur tour [1]; Danton et

---

[1] Les procès-verbaux des décisions prises par la commune sont un monument singulier de barbarie et d'absurdité; on y trouve décrétée la destruction des portes Saint-Denis et Saint-Martin et d'une grande partie des autres monuments de Paris.

Marat ne sont plus là pour défendre la commune,
qu'ils avaient érigée en puissance ; et si Robespierre
parvient à renverser un reste de force dans la convention, rien ne s'opposera plus à sa sanglante dic-
tature : mais là se trouvent des hommes plus habiles et plus hardis ; on le devine, on le prévient,
on l'attaque ; il se réfugie à l'Hôtel-de-Ville, siége
éternel de la puissance populaire, à l'Hôtel-de-Ville
qui devient sa citadelle. La convention et la commune présentent aux deux extrémités de Paris les
deux pouvoirs rivaux dont la malheureuse France
doit subir le joug. « Mon royaume pour un che-
« val, » s'écriait Macbeth ; et un cheval que Robespierre eût monté dans ce jour terrible lui eût
peut-être alors valu un royaume ; mais il délibère
lorsqu'il fallait agir ; il méconnaît l'élément de sa
puissance : autour de lui, sur la place même de
la Grève, sont rangés les canons qui ont renversé,
au 10 août, une monarchie de douze siècles ; les
mêmes hommes qui les gardent n'attendent que la
présence d'un chef hardi qui veuille les conduire ;
il ne s'en présente point, et le mouvement des af-
fûts qui retourne les pièces contre l'Hôtel-de-Ville, a
décidé le système qui va prévaloir.

Sans doute ce système ne sera plus celui de la terreur, sans doute l'antique édifice populaire ne sera
plus le théâtre d'atroces complots ; mais la république et le pouvoir municipal sont détruits à la fois.

La convention, sur le rapport des comités de sûreté générale, de salut public et de législation, décrète, d'après l'avis de la majorité des sections, que la commune de Paris sera administrée par des commissions nationales [1] nommées par la convention, et ces commissions se partagent les différentes fonctions, et il en fut ainsi jusqu'en l'an IV, époque de la création du directoire.

La ville de Paris fut alors divisée en douze municipalités, dont l'administration fut confiée au département de la Seine, composé de sept administrateurs, parmi lesquels trois furent spécialement chargés de l'administration de la commune : le premier pour les contributions; le deuxième pour les travaux, les secours publics, l'enseignement public; le troisième pour la police administrative, civile et militaire, et les subsistances.

La loi de pluviose an VIII substitue à ces administrateurs deux préfets, l'un du département, remplissant à peu près les fonctions du prévôt des marchands, et l'autre de la police, représentant ce qu'était alors le lieutenant-général de police; ces deux fonctions, dépendantes de l'autorité supérieure, firent disparaître les derniers vestiges du régime municipal [2].

[1] 14 fructidor an 2 ; voy. le tableau ci-joint.

[2] « Ainsi ont disparu, dit le respectable Henri de Pansey, dans ville de Paris, jusqu'aux traces du régime municipal, et cette

Un retour progressif vers la concentration de l'autorité commença, et il ne cessa point à travers le directoire, l'empire et la restauration. Au mode électoral succèdent les nominations arbitraires ; les meilleurs esprits, frappés des maux qu'ils ont soufferts, méconnaissent le principe par crainte de l'abus, et l'action de la communauté disparaît entièrement sans laisser de regrets. Le génie de Napoléon, jaloux de tous les bienfaits comme de tous les pouvoirs, entreprend de procurer au peuple le bien-être et la richesse pour le dédommager de la liberté ; il veut accaparer la reconnaissance comme la gloire : aussi les plus grands travaux, les plus grandes entreprises ne l'effraient point pour parvenir à ce but, et jamais les intérêts matériels de la ville de Paris n'ont été si étudiés ni si protégés.

Paris, tel que le concevait Napoléon, tel qu'il fût parvenu à le créer, aurait surpassé, en peu de temps, ce qu'il faudra demander à un avenir peut-être très-éloigné. Monuments, gloire, immenses constructions d'utilité publique, marquent la durée si courte de ce règne.

Ici c'est un nouveau fleuve qui arrive soutenu à quatre-vingts pieds au-dessus de la rivière pour

reine des cités se trouve aujourd'hui absolument étrangère à l'administration de son patrimoine et à la disposition de ses revenus. » (*Du pouvoir municipal et des Biens communaux.*)

joindre la haute et la basse Seine, le commerce du nord à celui du midi, et répandre ses eaux sur toutes les places, près de toutes les maisons. Là ce sont des abattoirs semblables à des casernes, ailleurs des casernes semblables à des palais. Les rues s'élargissent, les marchés se développent, s'abritent; de nouveaux ponts unissent de nouveaux quais; des arcs de triomphe, des colonnes monumentales décorent les différents quartiers en retraçant les différentes victoires.

Le Louvre, cet antique chef-lieu de notre histoire, forteresse de Philippe-Auguste et palais de Louis XIV, sort d'un amas de décombres et d'ignobles masures, et une rue immense, partant de sa colonnade à l'Hôtel-de-Ville, va joindre les deux Paris, assurer leur communication, et rendre impossible toute action séparée tendant à compromettre ou à diviser l'autorité; idée grande en politique, importante pour la salubrité, magnifique sous le rapport des arts. Mais au milieu de toutes ces grandes créations, ne demandez point quels sont les progrès qu'aura faits le peuple en lumières et dans l'exercice de ses droits. Rien de ce qui tient à sa vie morale, intellectuelle, n'a été encouragé, n'a même été admis. Comme un grand enfant, il est soigné dans la maison paternelle; mais l'administration lui en est interdite; ses affaires sont conduites par des hommes que la volonté seule d'un ministre désigne, qui n'ont aucun compte à rendre à leurs concitoyens, aucune obligation de s'occuper de leurs intérêts, et qui ne jouissent parmi eux d'aucun crédit pour obtenir les sacrifices nécessaires à l'achèvement des travaux commencés.

Aussi, à la chute de Napoléon, ses grandes entreprises sont-elles tout d'un coup suspendues, ses monuments sont encore à peu près dans l'état où il les a laissés, et l'intérêt le plus général n'a point de centre d'autorité, ni même d'organe pour se faire entendre des autorités.

La loi du 28 pluviose an VIII, qui recompose tout le système départemental de la France, renferme à peine quelques articles pour l'organisation municipale de Paris : elle établit, art. 16 :

« A Paris, dans chacun des arrondissements muni-
« cipaux, un maire et deux adjoints seront chargés
« de la partie administrative et des fonctions rela-
« tives à l'état civil.

« Un préfet de police sera chargé de ce qui con-
« cerne la police, et aura sous ses ordres des com-
« missaires distribués dans les douze municipalités.

« Art. 17. A Paris, le conseil du département rem-
« plira les fonctions de conseil municipal. »

L'article 2 de la même loi, qui borne à vingt-quatre le nombre des membres du conseil municipal, se trouve contraire à l'art 15, qui détermine

que le conseil municipal des villes au-dessus de
cinq mille ames, serait de trente membres.

Ces dispositions brièvement énoncées laissèrent un vaste champ à l'interprétation et à
l'extension des pouvoirs dans les autorités supérieures[1]. Ainsi les attributions mal fixées des
maires diminuèrent progressivement, et se trouvèrent réduites à péu près aux registres de l'état civil
et à la présidence des bureaux de bienfaisance[2].
Napoléon, en les annulant ainsi, chercha cependant
à les en dédommager par des faveurs personnelles ;
il décida que les maires et adjoints de Paris, après
cinq ans d'exercice, recevraient la légion-d'honneur,
et le doyen du corps municipal était appelé au sénat.

Le conseil municipal fut également restreint et
dans son nombre et dans ses attributions ; il ne fut
composé que de vingt-quatre membres présents, et
bientôt réduit à seize[3], tandis que toute ville au-
dessus de cinq mille ames eut trente conseillers, et
que la loi de 1790 portait pour Paris ce nombre à
cent quarante-six. Ses attributions étaient bor-
nées à *délibérer et voter* sur les questions qui lui
étaient soumises, sans aucune initiative ni contrôle
des opérations de l'administration. Les membres
de ce conseil, nommés d'ailleurs par le chef de l'É-

---

[1] Décret explicatif du 4 juin 1806.
[2] Ordonnance du 8 août 1821.
[3] Arrêté du 25 vendémiaire an IX.

tat sur la présentation du préfet [1], se trouvaient
entièrement sous sa dépendance ; et d'un autre côté,
la juridiction du préfet de police tendait à s'ac-
croître indéfiniment par l'importance que l'empereur attachait à ses fonctions et à l'action directe
qu'il était bien aise d'exercer par lui.

Cet ordre de choses convenait trop à la restauration pour qu'on pût espérer d'y voir apporter quelques changements; aussi l'administration de la ville
de Paris fut-elle envahie comme toutes les autres,
et le conseil municipal livré à l'influence de la cour
et du système dominant; on vit alors les revenus
de la ville employés à bâtir des chapelles, des monuments expiatoires, à donner des subventions
au domaine de Chambord. Les mots de nation, de
patrie, de liberté disparurent des discours pro-
noncés au nom de cette capitale du monde civilisé
réduite à l'état de la *bonne ville de Paris* dans toute
l'acception servile de ce mot. Les abus de cette administration auraient pu même s'étendre plus loin ;
car ils n'avaient pour contrôle, pour limite ni la
publicité ni l'examen des Chambres dans les dépenses de l'État; et s'ils n'ont pas été plus multipliés, il faut en rendre grace au caractère intègre

[1] Le sénatus-consulte de thermidor an X apporta un changement
à ce mode, mais qui ne fut point suivi pour Paris; il consistait à
nommer les membres des conseils sur une liste de candidats présentés par les assemblées cantonales.

et aux lumières de M. le comte de Chabrol [1], qui sans doute n'eut pas la force de lutter contre le système prépondérant, mais qui en adoucit, autant que possible, les effets, et profita de son influence pour un grand nombre d'utiles améliorations.

[1] C'est à lui qu'on doit la conservation et le perfectionnement de l'enseignement mutuel dans la capitale, l'établissement des trottoirs, et de notables améliorations dans les hôpitaux et les prisons.

CHAPITRE VI.

De l'administration actuelle, et du nouveau projet de loi
municipale.

> Plebi, re, non verbo, danda est libertas.
> (Cic. de Leg., lib. III.)

Qu'est-il sorti de la révolution de juillet? un peuple et un roi : un peuple héroïque, un roi honnête homme et habile. Mais, après cette création, le génie de la liberté sembla s'être endormi, et tout reprit son cours accoutumé. Les pairs de la restauration se rendirent tranquillement au Luxembourg, les juges jouirent, comme les empereurs romains, de leur *éternité*, et l'auteur de cet écrit, passé d'une barricade à la préfecture de la Seine, reçut le lendemain la visite des conseillers municipaux qui avaient prononcé la déchéance de Napoléon, en 1814, ou du moins de ceux qui leur avaient succédé.

Cette léthargie n'eut cependant qu'une courte durée ; le système électif, qui avait commencé par atteindre le trône, dut s'étendre à tous les autres organes du corps politique. Le désaccord aurait été trop choquant : de la liberté à la surface, et de l'arbitraire partout ailleurs. Les choix que produisit le principe d'élection dans la garde nationale prouva ses avantages ; il en fut de même pour le corps municipal.

Le second préfet de la Seine[1] fit procéder, dans chaque arrondissement, à des listes de candidats parmi lesquels le gouvernement pût choisir les nouveaux membres. Malheureusement le ministre altéra cette liste de sa pleine autorité ; et quoique les personnes qu'il ajouta fussent sans doute des gens de mérite, on sentit la nécessité d'une loi, d'une organisation spéciale qui ne laissât plus rien au caprice et à l'arbitraire. La loi départementale, pour tout le royaume, comprit d'abord quelques articles relatifs à Paris, ainsi que l'avait fait la loi de pluviose an VIII ; mais on reconnut bientôt qu'il fallait pour des intérêts si différents une loi spéciale ; et cette loi vient d'être présentée à la Chambre des députés.

C'est là cette constitution importante d'une ville qui est déja, mais qui sera, surtout un jour, l'égale d'un royaume ; d'une ville qui paye le dixième des contributions totales et possède un revenu de cinquante millions, d'une ville dont la richesse et la prospérité ont une influence immense sur le reste du pays[2].

[1] L'honorable M. Odilon-Barrot.

[2] Paris n'est autre chose qu'un immense marché, qu'un vaste lieu d'échange et de consommation de toutes les productions naturelles et manufacturées des départements. Paris n'envoie dans les provinces que pour environ 5o millions de sa fabrication, dont les deux tiers en bijouterie, modes, objets de luxe ; ses filatures ne forment que trois pour cent de celles de France.

Mais en échange Paris consomme annuellement, en produits des départements, la somme énorme de 642 millions 894,000 fr., dont 324,690,000 fr. en consommations industrielles, et 318 millions en consommations alimentaires. A cette importation des provinces, il

Le nouveau projet de loi ne nous a point paru satisfaire à ce que l'on attendait, je dis plus, à ce que la ville de Paris était en droit d'attendre. A l'exception du principe d'élection qu'il introduit pour la nomination des membres du conseil, mesure qu'il était impossible de refuser, rien n'a été changé à l'ordre de choses ancien; mais il y a plus, les abus qu'il renfermait, et dont la durée était au moins incertaine, se trouveraient par-là confirmés. Ils recevraient de la loi la sanction qu'ils n'avaient que de l'usage. Ainsi le préfet acquerrait le droit contesté jusqu'alors de présider le conseil; les maires resteraient dans le cercle étroit et indéterminé de leurs attributions, et ne seraient même point appelés à faire partie du conseil municipal;

faut ajouter les frais de transport, d'expédition, répandus sur les routes, et dont on peut calculer l'importance en pensant que les produits importés annuellement dans la capitale pèsent trois millions de tonneaux, c'est-à-dire plus que la totalité de ce que la France reçoit en importations annuelles par transport de mer.

Sur dix voitures ou bateaux qu'on rencontre, on peut être sûr que huit ou neuf sont destinés à l'approvisionnement de Paris. En 1826, la dépense totale des habitants de cette ville, y compris le paiement de leurs contributions, a été de 894 millions, ou autrement presque le budget de la France. Chaque habitant a dépensé cette année 1020 fr., et chaque ouvrier 754 fr., dont les trois quarts en produits des départements. Le cercle de consommation de ces produits s'étend ou se resserre en raison de la prospérité de la capitale. Depuis deux ans, où cette dépense de 1020 fr. n'est plus que de 900 fr., les bestiaux du Finistère, les bois de construction des départements du centre, d'autres produits du midi, n'entrent plus dans la consommation. Aucune ville du royaume, proportion gardée avec le nombre de ses habitants, n'atteint à moitié seulement cette somme.

enfin le préfet de police conserve son entrée au conseil et toutes les perceptions irrégulières étrangères à ses attributions. C'est sous ces trois points de vue que porte notre examen, en laissant à la discussion qui va bientôt avoir lieu le soin de les développer. Je commence par ce qui concerne le préfet, ou l'autorité supérieure.

Faut-il donc renoncer, pour la ville de Paris, à ce droit ancien, révéré, qui, pendant douze siècles, ne produisit que de bons effets, la nomination libre de son premier magistrat? Faut-il que Paris ne puisse jouir des mêmes prérogatives que son illustre rivale, la ville de Londres, quoique son étendue, sa population, inférieure à celle de Paris en 1745 [1], soit décuplé depuis? Là, chaque année et de temps immémorial, l'homme sur lequel les respects, la considération se reposent, est porté en triomphe, et occupe une place à laquelle les premiers corps de l'État viennent rendre hommage. Et, en effet, que de talents, de lumières, de qualités diverses ne demande point l'exercice de cette première magistrature qui comprend toutes les autres?

Un préfet de Paris doit réunir, au plus haut point, la connaissance de toutes les branches de l'administration. Appelé à présider les différents comités des hospices, de l'instruction primaire, des pri-

___

[1] Voyez un Mémoire de M. Delisle, 1745, dans les Mémoires de l'Académie des Sciences.

sons, des octrois, des subsistances, de la garde nationale, du commerce, des contributions urbaines ; appelé à décider sur toutes les questions qui intéressent à la fois la salubrité de la ville, ses embellissements, les arts, les monuments, il faut de plus qu'il possède, pour des circonstances graves, les moyens d'agir sur le moral, sur l'esprit de la population : en un mot, il est le père, le protecteur des intérêts de la ville, leur arbitre, et sa conduite doit servir d'exemple à tous les fonctionnaires qui dépendent de lui.

Eh bien ! non seulement le choix de cet homme si difficile à rencontrer est laissé à l'arbitraire, au caprice de l'autorité, mais on demande par le projet de loi qu'il préside le conseil municipal, c'est-à-dire, qu'il apporte au milieu d'hommes choisis par le peuple le poids de son immense prépondérance et de celle de ses bureaux ; on veut qu'il soit là présent pour interrompre ou susprendre les délibérations, accorder ou refuser la parole, s'instituer juge et partie dans sa propre cause : car toutes les affaires soumises au conseil proviennent de sa gestion. Il le serait de plus pour tous les actes soumis au conseil de préfecture, qu'il préside, dont les membres sont nommés sur sa présentation, et où il exerce une grande influence ; il le serait pour les états d'actif et de passif rédigés par lui et le préfet de police et qui sont renvoyés des ministres au conseil municipal pour être discutés

contradictoirement. Il le serait, surtout, par l'é-
norme influence que lui et ses bureaux sont appelés à exercer.

Le préfet, dit-on, remplit l'office de maire près
le conseil municipal, et c'est en cette qualité qu'il
doit le présider; mais nous ne trouvons nulle part
pour lui cette qualification; ce n'est pas une raison
parce que le conseil a une double qualité, celle
de conseil général et de conseil municipal, pour
que le préfet soit à la fois *maire et préfet*, surtout
depuis que le conseil devenu électif n'a plus rien
de commun avec un magistrat resté à la nomination de l'autorité.

L'auteur de cet écrit étant préfet de la Seine,
fut invité à présider le conseil; et au milieu des
troubles dans lesquels se trouvait la capitale, il
eût très bien pu le faire, sans que la chose tirât à
conséquence: mais il s'y refusa par le sentiment que
ce droit ne lui appartenait pas, et se borna à soumettre à la délibération du conseil les différentes
affaires.

Six mois après, nommé président du conseil, il
se trouva dans une bonne position pour s'opposer
à ce que M. le comte de Bondy, préfet actuel, ne
vînt le présider. Les membres du conseil l'appuyè-
rent; mais comme les recherches faites dans les
archives ne présentaient rien qui pût résoudre cette
question, elle resta indécise et ne peut plus l'être
aujourd'hui. Il est utile, il est nécessaire que le

préfet ait entrée au conseil municipal ou général, qu'il puisse y discuter toutes les questions et l'éclairer par la connaissance des affaires que sa position lui donne ; qu'il y soit assis près du président, que la parole lui soit toujours accordée de préférence ; mais il ne doit point y avoir voix délibérative, il doit être vis-à-vis du conseil comme sont les ministres dans les Chambres. Cet accord si désirable entre la délibération et l'exécution se trouvera effectué par l'indépendance même de l'une et de l'autre ; et cependant, par leur contact immédiat, on ne retirerait en effet aucun bon résultat de deux pouvoirs qui opéreraient séparément sans se communiquer et qui se trouveraient souvent en opposition, faute d'avoir pu s'expliquer et s'entendre.

Passons à la composition du conseil municipal : l'importance de ce conseil n'a pas besoin d'être détaillée ; il est à la fois conseil général, conseil municipal et conseil d'arrondissement, tandis que dans les autres départements il existe autant d'autorités qu'il y a de communes. Celui-ci est seul revêtu de toutes les attributions financières [1], administratives [2] et politiques [3] ; il comprend dans ses

[1] Les revenus de la ville s'élèvent à 45 millions ; elle verse annuellement au trésor 11 millions pour le dixième de l'octroi, le remplacement de la contribution foncière et la ferme des jeux. (Budget de 1830.)

[2] La permanence de ses séances et l'ensemble des affaires qu'elles embrassent.

[3] Il solde les corps militaires destinés à la sûreté de la ville , dépense qui ne s'élève pas à moins de 2,589,000 fr.

pouvoirs le contrôle des recettes et des dépenses, semblables à celles d'un royaume; la sûreté publique de la capitale et du pays, le culte, les hôpitaux, les prisons, l'instruction, les secours à domicile, les subsistances, les monuments publics, les fêtes, etc.; et dans les circonstances graves, on sait l'influence qu'ont eue ses proclamations et ses adresses. Ses délibérations sont sans doute soumises à l'approbation du ministre; mais le droit de le dissoudre est rendu illusoire par la puissance de la réélection. L'influence de ce conseil indique assez les précautions qu'on doit prendre, les garanties qu'on doit chercher dans le mode de son élection.

Le projet de loi le confie aux mêmes électeurs qui nomment les députés, c'est-à-dire à la première liste du jury; nous croyons qu'il est sans inconvénients d'y adjoindre la seconde liste, ainsi que la chose a lieu pour les départements. Pourquoi Paris, où se trouve plus de lumières, plus d'habitudes et de connaissances des affaires, obtiendrait-il moins d'intervention dans ses intérêts que les départements éloignés, où la moitié de la population est dans l'ignorance?Ce système a été soutenu à la Chambre dans la discussion dernière sur la loi municipale, et on a peine à le comprendre [1]. L'exercice des droits

---

[1] Il en avait été ainsi en 1831. Quand on discuta la loi électorale, il semblait qu'en abaissant le cens pour élire ou pour être élu, on allait plonger la France dans la plus horrible anarchie, et il n'en est

politiques serait donc en raison inverse des lumières acquises. Les choix, d'ailleurs, seront toujours dirigés par les personnages influents dans chaque arrondissement, et qui entraînent les autres votants inférieurs qui sont plus ou moins sous leur dépendance; c'est la garde nationale qui fera ce choix, comme elle fait celui de ses officiers et de ses députés; c'est elle qui représente Paris, et qui le compose; tout ce qui n'est pas dans ses rangs est dans sa dépendance. Le projet de loi n'admet que trente - six membres; nous pensons qu'il pourra être de quarante-huit, ce qui donnerait le moyen de lui adjoindre les maires, qui alors ne représentant l'autorité que pour un quart, ne pourront avoir une trop forte action. Mais c'est à présent la question de savoir si en effet les maires doivent entrer au conseil de droit ou par une nouvelle élection. Nous pensons que le dernier mode seul convient, afin qu'il n'y ait point de distinction dans le conseil entre les

résulté cependant que la Chambre actuelle, composée certainement de manière à donner toute garantie d'ordre et de justice. Il en sera de même pour les élections municipales. Non-seulement Paris ne doit pas être plus mal partagé que les départements, mais que les pays étrangers gouvernés par des souverains absolus: en Prusse, dans une partie des états autrichiens, en Saxe, les habitants élisent directement leurs magistrats jusqu'au rang qui équivaut en France à celui de préfet; en Belgique et en Hollande, ils nomment directement leurs bourgmestres, qui ont plus d'autorité que les maires; et c'est cette intervention de la communauté qui donne de la force au gouvernement, au lieu de la lui ôter, comme on le suppose toujours en France.

hommes élus par le peuple et d'autres nommés par
le roi; afin qu'il ne soit pas donné au gouvernement, en destituant un maire, ce qu'il a le droit
de faire, de priver le conseil de son appui, de ses
lumières, et d'un autre côté en nommant quelquefois maire un conseiller municipal, d'occasioner
ainsi une lacune dans le conseil jusqu'à son remplacement. De la sorte, le maire destitué resterait
membre du conseil; or, il est bien difficile que
sur quatre élections dans chaque arrondissement,
le maire ou l'un de ses adjoints n'en fasse point
partie : produit déja d'une candidature d'élection,
il faudrait que ce maire eût bien démérité dans
ses fonctions pour qu'il ne fût pas nommé dans
l'intérêt même de l'arrondissement, dont il serait
le meilleur organe, dont il connaît le mieux les
intérêts. Cette double fonction n'aurait aucun in-
convénient, et réunirait au contraire beaucoup
d'avantages qui ont été appréciés en tout temps [1].

Il y serait dans l'intérêt de la couronne; car,
investi de pouvoirs qui s'appliquent immédiatement à l'universalité des intérêts, et placé dans un
contact perpétuel avec les individus, il concour-
rait puissamment au maintien du respect et de la
confiance dans l'autorité royale.

---

[1] En 1806 et 1807, projet de décret sous Frochot qui introduit
les maires dans le conseil; rapport à ce sujet au conseil d'état,
en 1808; nouvelle proposition en 1817, et enfin, en dernier lieu,
ous le ministère de M. de Martignac.

Dans l'intérêt de l'administration, parce qu'elle ne peut être forte et juste qu'en s'appuyant sur des mesures qui, appropriées aux besoins particuliers et généraux, soient, pour ainsi dire, approuvées d'avance. C'est le seul moyen de ne pas rencontrer dans l'exécution des obstacles qu'il faut rompre avec force, ce qui rend l'autorité odieuse, ou devant lesquels il faut reculer, ce qui la compromet. Or pour cela il faut connaître la position vraie, par conséquent, être en rapport direct, habituel avec les individus, être familier avec l'administration, avoir examiné et reconnu, par expérience, les avantages et les inconvénients des projets proposés.

C'est la position obligée des maires qui, dernier anneau, mais anneau indispensable du pouvoir administratif, connaissent de toutes les branches de l'administration sans exception, entrent dans les positions privées, recueillent les plaintes, en sont les confidents, peuvent tous les jours en rendre compte, gardent note du passé, connaissent directement et sans intermédiaire le présent, prévoient les difficultés à venir, ou les modifications à apporter.

Leur concours dans le conseil serait surtout utile aux intérêts de la ville.

En rapport avec la population pauvre pour la distribution des secours, comme présidents des bureaux de charité; avec la classe élevée, par tout ce

qui se rattache à la vie sociale et à l'existence politique, le domicile, les élections, le jury; avec
toutes les familles et les individus par l'état civil,
le recrutement, l'instruction publique, et les attes-
tations, qui tiennent à toutes les positions; avec
l'exercice des cultes religieux, comme membres des
fabriques et chargés de la surveillance des inhumations; connaissant les ressources pécuniaires, les
établissements publics et privés, parcourant souvent tous les quartiers de cette vaste cité; voyant
s'exercer dans chacun de leurs arrondissements et
sous leurs yeux la police municipale; chargés de
de l'exécution des mesures relatives aux subsistances; placés ainsi perpétuellement en présence des
besoins et des ressources de toute nature; infor-
més plus spécialement des abus, n'est-il pas évident
que, plus que tous autres, ils peuvent éclairer le
conseil municipal, dont le devoir est de régler les
intérêts généraux et privés?

Environnés de la bienveillance publique, qui est,
pour ainsi dire, une condition de leur existence,
ils porteraient au conseil municipal cette conscience
du devoir, cette nécessité d'une protection égale
envers tous, qui tient à la nature de leurs fonctions.
Admis en minorité dans cette assemblée, ils ne
pourraient y obtenir d'influence que par l'autorité
de la justice et de la conviction.

Actuellement encore, le maire, quoique ne sié-

geant pas au conseil, conserve du moins une prépondérance utile dans son arrondissement, parce
que seul il peut y rendre des services; mais que
deviendrait son influence s'il était exclus du conseil, lorsque près de lui s'élèverait une seconde autorité, l'élu du peuple, supérieur au fonctionnaire
public par cela que seul il réglerait l'administration et dispenserait les faveurs?

Enfin, dira-t-on que les maires sont des délégués
de l'autorité, et que ce titre pourrait donner lieu
contre eux à quelques préventions.

La réponse est simple.

Ils sont fonctionnaires, mais fonctionnaires gra-
tuits.

Ils sont nommés par le roi, mais présentés par
le peuple.

Ils ont un pouvoir, mais un pouvoir désarmé,
un pouvoir qui ne peut s'exercer que pour le bien,
et telle en est l'essence, que depuis quatorze années, au milieu de tant d'oscillations, aucune dé-
nonciation, aucune plainte n'a été dirigée contre
un seul d'entre eux.

De l'intervention des maires dans le conseil nous
devons passer à l'examen de leurs attributions spé-
ciales dans les arrondissements, auxquelles le projet de loi n'a nullement songé. Ces attributions,
dira-t-on, sont définies; oui, sans doute, et elles
sont même beaucoup plus étendues qu'elles ne paraissent, mais elles pourraient l'être encore davan-

tage, et sans excéder les bornes de leur hiérarchie[1].

Dans la situation actuelle, les maires sont trop séparés de l'ensemble de l'administration ; aucun lien ne les unit à l'autorité supérieure, ne fait pénétrer leur voix, leur conseil, celui de leurs administrés dans la direction générale des affaires de la ville, où ils comptent pourtant chacun pour un douzième, et, réunis, pour la totalité ; leur entrée au conseil ne suffit pas ; il faudrait encore répartir

[1] De la délivrance des certificats de vie. (Décrets des 24 août 1790, 27 mars 1791, 28 floréal an VII.)

Des réquisitions pour le traitement des aliénés. (Loi du 24 août 1790.)

De régler le service des inhumations. (Décret du 23 prairial an XII.)

De la police du roulage. (Du 29 floréal an X, du 23 juillet 1806.)

Des déclarations de domicile. (Du 24 mars 1809.)

D'assister aux travaux des commissions d'alignement et de faire procéder à l'expertise pour l'évaluation des terrains. (16 sept. 1807, art. 56.)

De recevoir les comptes des fabriques, dont ils sont membres de droit. (30 décembre 1809.)

D'assister à la commission concernant les expropriations forcées pour cause d'utilité publique. (Loi du 8 mars 1810.)

Du recensement de la garde nationale. (8 vendémiaire an XIV, art. 10 ; loi du 5 avril 1815.)

De la surveillance des écoles primaires. (11 floréal an 10. — Ordonnance du 29 février 1816, art. 8 et 41. — 8 août 1820. — 21 avril 1828, art. 3.)

De la surveillance des distributions de secours à domicile, et de la présidence des bureaux de charité. (Ordonn. du roi, 2 juill. 1816.)

De faire dresser, publier, afficher les tableaux de recrutement. (10 mars 1818.)

De la revue trimestrielle des contingents. (Ord., 10 mars 1825.)

De la révision des listes électorales et du jury. (Du 11 floréal an 10, art. 3.)

parmi eux une partie de l'autorité qu'absorbent les bureaux de la préfecture de la Seine, leur laisser plus de latitude, plus de décision sur une multitude d'affaires courantes sur lesquelles ils sont obligés de référer à l'autorité. Il faut encore que dans leurs arrondissements ils puissent être secondés par les hommes les plus capables, les plus influents; et on trouve ce moyen dans le projet même du gouvernement : il établit que les électeurs présenteront à la nomination du roi douze candidats, parmi lesquels il choisira le maire et les deux adjoints; ne serait-il pas utile que les neuf autres, peut-être aussi recommandables que les premiers, restassent près du maire pour former, sous sa présidence, un conseil d'*édilité*, divisé en trois sections, l'*instruction primaire*[1]; les *moyens de salubrité et d'embellissement;* les *secours publics de tout genre?*

Ce conseil, qui n'augmenterait pas la dépense des maires, qui n'entraverait en rien la marche des affaires, puisqu'il ne serait que consultatif, formerait une enquête permanente de tous les intérêts de la localité; il serait un foyer de lumières, de contrôle, qui ouvrirait une porte aux talents, seconderait les améliorations de tout genre; rendrait les sacrifices des contribuables plus faciles, parce qu'il en expliquerait les avantages, et la routine, l'apathie des bureaux de l'administration serait

[1] La nouvelle loi sur l'instruction primaire ne serait point un obstacle à cette institution.

stimulée par ce concours d'hommes éclairés et indépendants.

Il en fut ainsi dans les temps anciens. Cicéron se faisait honneur de participer aux moindres fonctions municipales à Arpinum et même à Rome. « Me voilà nommé édile, disait-il ; il me semble que « c'est à moi que l'on confie la ville entière[1]. »

Les paroisses en Angleterre, *parisch*, présentent une image de ce conseil. Ce sont les hommes les plus considérables qu'on charge de l'administration, et qui présentent à leurs concitoyens toutes les idées d'amélioration applicable à leur circonscription. Quoique leur autorité, très-étendue, ait causé souvent des abus, c'est en général une institution fort utile.

Il nous reste à traiter une des plus grandes difficultés du projet de loi ; c'est-à-dire, du silence qu'il garde sur les attributions respectives des deux préfets, de la Seine et de la police, qu'il se borne à laisser dans la situation actuelle, mais cependant circonscrite suivant le décret de pluviose an VIII et l'arrêté de messidor an VIII.

---

[1] Cic. in Verr., 4 et 5, et de Offic., lib. 12. — Tite-Live, lib. 5.
Des édiles étaient chez les Grecs les ἀστυνόμοι, magistrats chargés, sous le préfet de la ville, πολίαρχος, de tout ce qui tient à la sûreté et à la commodité des habitants. Épaminondas et Démosthène ne dédaignèrent point d'exercer cette fonction dans leurs villes (Plut., de Legib. 5. — Aristot., lib. 4, cap. 15, et lib. 2, cap. 4. — Athen., lib. 6). Ces magistrats, chez les Hébreux, avaient de plus la police judiciaire. Ce fut un d'eux qui arrêta le prophète Jérémie sur la route de Jérusalem. (Joseph, lib. x, cap. 10.)

Je ne parlerai pas de l'entrée au conseil de droit et avec voix *délibérative*, du préfet de police, ainsi qu'il est mentionné au projet de loi ; cela me paraît si peu convenable, que je ne crois pas même devoir le discuter : mais nous examinerons les attributions relatives de ces deux magistrats, et la nécessité de faire rentrer à la préfecture de la Seine tous les genres de perception qui en ont été distraits, en donnant, si on veut, au préfet de police, chargé de la sûreté politique de la capitale et de tout le royaume, des attributions plus étendues sous ce rapport et un caractère plus élevé pour le dédommager de ce qu'il perdrait dans la gestion urbaine municipale, qui ne semble pas être de son ressort.

Nous avons vu que tout ce qui concerne la police avait été confié, par les décrets de l'assemblée constituante, à la 2e section de l'administration départementale. Le 19 vendémiaire an IV, cet ordre de choses, qui avait éprouvé dans la tourmente révolutionnaire plusieurs altérations, fut changé, et un bureau central fut investi des fonctions de la 2e section jusqu'à la loi de pluviose an VIII, qui concentra tous ces pouvoirs, toutes les fonctions dans la personne d'un seul magistrat, sous le nom de préfet de police.

Or, dans cette formation on évita de préciser les fonctions de ce nouveau magistrat, afin de les étendre indéfiniment par la suite ; mais on peut

déja remarquer la différence des deux administrations et la séparation qui devait se trouver entre
elles. Les maires et adjoints, par la même loi,
étaient seuls chargés de la partie administrative et
dépendaient du préfet de la Seine, qui relevait du
ministre de l'intérieur, tandis que le préfet de police, n'ayant sous ses ordres que les commissaires de
police, correspondait seulement avec le ministre
de la police; il était censé qu'il n'avait plus rien de
municipal, qu'il n'appartenait point à l'administration proprement dite; il était l'homme des personnes, et non plus des choses : mais il y a dans
cette double administration tant d'objets qui ont un
lien de connexité, qu'il est à regretter qu'une loi
d'attribution n'ait pas été faite ou proposée en même
temps que celle-ci, on aurait évité les doubles emplois, les doubles dépenses et les collisions continuelles qui ont lieu aujourd'hui tant dans les perceptions des droits que dans les mesures de voirie.

L'exposé des motifs du projet de loi semble vouloir fixer ces attributions; on lit :

« Le préfet sera le véritable administrateur des
« intérêts de la commune.

« Le préfet de police restera dans la grande spé-
« cialité que les lois de son institution ont soigneu-
« sement déterminée. » Et le renvoi porte (la loi du
28 pluviose an VIII et l'arrêté des consuls du 12
messidor suivant); il n'est donc pas question d'autre disposition.

Or la loi de pluviose porte, art. 6 :

« A Paris, un préfet de police est chargé de ce « qui concerne la police et a sous ses ordres des « commissaires distribués dans les douze munici- « palités. »

Et l'arrêté de messidor, qui règle les attributions du préfet de police, porte : « En ce qui touche *la* « *sûreté du commerce* [1] et *la surveillance des lieux* « *publics* [2]. »

[1] « Il procurera la sûreté du commerce en faisant faire des visites « chez les fabricants et les marchands, pour vérifier les balances, « poids et mesures, et faire saisir ceux qui ne seront pas exacts ou « étalonnés ; en faisant inspecter les magasins, boutiques et ateliers « des orfèvres et bijoutiers, pour assurer la marque des matières « d'or et d'argent et l'exécution des lois sur la garantie.

« Indépendamment de ces fonctions ordinaires sur les poids et « mesures, le préfet de police fera exécuter les lois qui prescrivent « l'emploi des nouveaux poids et mesures. »

[2] « *Il fera surveiller* spécialement les foires, marchés, halles, pla- « ces publiques et les marchands forains, colporteurs, revendeurs, « portefaix, commissionnaires ;

« La rivière, les chemins de halage, les ports, chantiers, quais, « berges, gares, estacades, galiotes, coches, les établissements qui « sont sur la rivière pour les blanchisseuses, le laminage ou autres « travaux, les magasins de charbon, les passages d'eau, bacs, bate- « lets, les bains publics, les écoles de natation, les mariniers, ou- « vriers, arrimeurs, chargeurs, déchargeurs, tireurs de bois, pê- « cheurs et blanchisseurs ;

« Les abreuvoirs, puisoirs, fontaines, pompes, et les porteurs « d'eau ;

« Les places où se tiennent les voitures publiques pour la ville et « la campagne, et les cochers, postillons, charretiers, brouetteurs, « porteurs de chaises, porte-fallots ;

« Les encans et maisons de prêt ou mont-de-piété, et les fripiers, « brocanteurs, prêteurs sur gages ;

« Le bureau des nourrices, les nourrices et les meneurs. »

Ainsi, ni la loi de pluviose an VIII, ni l'arrêté des consuls de messidor an VIII, n'ont placé dans les attributions du préfet de police aucune partie de la gestion des intérêts financiers de la ville de Paris.

Il faut savoir qu'à cette époque, les objets de consommation vendus dans les halles et marchés n'étaient frappés d'aucun droit au profit de la commune; les droits auxquels ils avaient été soumis avant la révolution, et dont la perception était faite alors par la ferme générale, ayant été abolis au moment où la ferme elle-même avait été supprimée. Mais à la place du prélèvement de ces taxes régulières, des exactions de toute nature étaient commises, à divers titres, par une foule de gens sans mission avouée, et le désordre était parvenu à son comble. Le préfet de police, qui était chargé de la *surveillance des marchés*, crut devoir intervenir. Il prit quelques mesures d'ordre et de répression; et bientôt on fut amené à reconnaître la possibilité de faire sortir d'une organisation régulière et protectrice de tous les intérêts, un revenu important pour la ville; cette organisation fut réglée par un décret du 21 décembre 1807, dont l'exécution fut attribuée au préfet de police.

Si l'initiative que le préfet de police avait prise dans cette circonstance pour le rétablissement de l'ordre n'explique pas suffisamment comment il se fit qu'il fut chargé d'une perception municipale, on en trouverait une cause plus positive encore dans des considérations politiques et dans le système du gouvernement de l'époque.

Il est certain que l'autorité de la police était immense ; qu'on regardait son action comme une des plus sûres garanties de la tranquillité publique, et qu'habile à tirer parti de cette opinion, qui était celle du chef de l'État, le préfet de police étendait incessamment ses attributions, sous le prétexte que, plus il aurait d'employés à ses ordres, plus il aurait de surveillants, et mieux il serait informé de tout ce qui lui importait de savoir.

C'est par des raisons de même nature, et par une conséquence presque nécessaire de ce premier abus, que le préfet de police fut encore chargé, par un autre décret du 16 juin 1808, de la perception des droits des poids publics dans les halles et marchés, sur les ports et les places de la ville de Paris.

Mais comme il eût été trop irrégulier de rendre le préfet de la Seine tout-à-fait étranger à une branche d'administration qui avait pour objet un revenu municipal, le décret de 1807 l'autorisa à nommer deux inspecteurs des perceptions dans les halles et marchés, chargés d'exercer, sous sa surveillance et son autorité, le contrôle des opérations financières attribuées à la police. Une institution analogue fut également créée par le décret de 1808, en ce qui

touche les perceptions relatives au pesage et me-
surage dans les lieux publics.

Il est facile de sentir combien d'inconvénients
présente le mode d'organisation qui met souvent
en conflit deux administrations distinctes, pour ne
pas dire rivales, ce qui, d'ailleurs, double inutile-
ment et le nombre des agents et la dépense qu'ils
entraînent.

Le bon sens dit assez que la gestion des revenus
municipaux ne doit pas être divisée ; que l'applica-
tion des tarifs et les nombreuses questions qui en
dérivent ne sauraient être des questions de police ;
que les employés de la police, en admettant, ce
qui paraît incontestable, qu'on n'exige plus d'eux
aujourd'hui d'autre service que celui que compor-
tent ostensiblement leurs emplois, sont mal placés
pour faire accueillir les améliorations dont les revenus municipaux sont susceptibles (et il s'agit ici
d'un revenu de plus de deux millions); enfin, que
pour obtenir ces améliorations, il faut unité de
vues, d'action et de direction. Ces réflexions qui se
sont présentées sous tous les régimes à l'esprit du
conseil municipal de la ville de Paris, l'ont porté
à émettre, plusieurs fois, le vœu de voir l'administration des deniers communaux rentrer tout entière dans les mains du préfet de la Seine. Ce vœu
se trouverait accompli par l'interprétation naturelle
de l'exposé des motifs : « Le préfet de la Seine sera

« le véritable administrateur des *intéréts de la com-*
« *mune.* » Mais il est à craindre que le gouvernement ne l'ait pas entendu ainsi et que la Chambre
des députés ne veuille pas entrer dans la discussion
de ces attributions. Il n'en résulterait cependant
que des avantages. « Le préfet de police resterait
« dans la grande spécialité déterminée par les lois
« du 28 pluviose an VIII et par l'arrêté des consuls
« du 12 messidor suivant, » et il ne perdrait que les
attributions que les décrets de 1807 et 1808 lui
avaient conférées irrégulièrement.

Il en est de même quant aux attributions du
préfet de police en matière de voirie. Elles ont été
réglées par un arrêté des consuls, du 12 messidor
an VIII, et un décret du 27 octobre 1808, réglant la
perception des droits de voirie, qui définit plus
explicitement ces attributions, en énonçant dans
un tarif qui y est annexé tous les objets donnant
ouverture à ces droits.

Ces actes ont ainsi défini ce qu'on devait entendre, à Paris, par la petite voirie, expression qui,
dans les lois générales, et partout ailleurs qu'à Paris,
n'a pas la même signification.

Tout ce qui tient à la police de la voie publique,
à la sûreté, et à la liberté de la circulation, à la
propreté de la ville, paraît devoir rester dans les
attributions du préfet de police.

Mais tout ce qui tend à créer des droits d'usage

ou de servitude sur la voie publique, à quelque titre ou à quelque condition que ce soit, tout ce qui peut être considéré comme une aliénation, soit définitive, soit momentanée, d'un droit ou d'un terrain communal, doit rentrer dans les attributions du préfet de la Seine[1].

Il importe donc de faire cesser ces collisions continuelles entre des magistrats, et de rendre à la préfecture de la Seine la perception de ces droits qui s'attachent à l'exécution des travaux qui ne peuvent être entrepris sans son autorisation.

Tel sera l'effet de la loi proposée par le gou-

[1] Ainsi que le préfet de police permette, surveille ou défende l'ouverture des boutiques, étaux de boucherie ou de charcuterie; qu'il ordonne la démolition ou la réparation des bâtiments menaçant ruine; qu'il fasse éclairer la voie publique, qu'il la fasse tenir propre et en bon état de viabilité, etc., il exerce les droits inhérents à ses fonctions.

Mais quand il autorise l'établissement d'auvents ou de constructions du même genre qui prennent sur la voie publique; quand il permet l'établissement d'échoppes ou d'étalages mobiles, de bornes, de devantures de boutiques, de perrons, de bancs, etc., il dispose des droits de propriété de la commune; il la grève de servitudes, et il dépasse les pouvoirs dans lesquels paraissent devoir être renfermées les fonctions qu'on doit lui attribuer.

Dans le tarif annexé au décret de 1808, on a classé au nombre des objets qu'il peut permettre les jalousies, persiennes, petits balcons, croisées, tasseaux, appuis, soubassements, etc., toutes choses qui tiennent à la construction d'une maison, de sorte que, lorsqu'un propriétaire construit, après avoir payé à la préfecture de la Seine, les droits d'alignement de grands balcons, etc., il est réclamé par la préfecture de police une foule d'autres droits pour des travaux qu'au fait il a obtenu l'autorisation de faire, en recevant sa permission d'alignement.

vernement, si la discussion y apporte les changements que nous avons signalés et qui presque tous
ont été adoptés par la commission de la chambre
des députés[1]. Son rapporteur M. Benjamin Delessert, si digne d'attacher son nom à une institution
de cette importance pour la ville de Paris, a développé dans son rapport avec autant de clarté que
d'énergie le vrai principe du droit municipal. Cette
loi rendra à la ville de Paris ses anciennes franchises, son ancien corps de ville; elle sera sa
charte urbaine, confiée encore à sa haute bourgeoisie, à ses anciennes familles curiales où se pre-
naient les prévôts des marchands, les échevins[2],
familles éteintes en partie, mais remplacées par de
nouvelles et augmentées par un grand nombre de
maisons de commerce respectables qui, enrichies
dans les provinces ou dans les pays étrangers[3],
sont venues se fixer à Paris et y apporter leur
crédit et leurs lumières. C'est au milieu d'elles que
le peuple ira encore chercher et trouver ses appuis,
parce que ses relations habituelles ne le portent
point ailleurs. Les familles de l'ancienne noblesse,
qui sans doute comprennent nombre d'hommes

[1] Cette commission était composée de MM. Bérigny, Renouard,
Lafond, Doron, Benjamin Delessert (rapporteur), le baron de
Schonen, Ganneron, Alexandre de Laborde, Du Meylet.

[2] C'étaient anciennement les Aubriot, les Desmares, les Miron,
Gentien, Bignon; et au moment de la révolution de 1789 les Qua-
tremère de Quincy, Disonval, les Cochins, les Froidefond, etc.

[3] Depuis la réformation de l'édit de Nantes.

respectables, ont rarement cherché à exercer de l'influence dans Paris. Fixées la plupart dans les provinces où sont leurs domaines et leur prépondérance, elles ne parurent dans Paris que sur les derniers temps, après le règne des Valois et lorsque les souverains eux-mêmes se fixèrent dans la capitale; et là encore elles semblèrent s'agglomérer de préférence dans un seul quartier de Paris et ne point participer aux intérêts municipaux. Leurs hôtels étaient comme autant de châteaux réunis, sans relations directes d'affaires, de clientelle ou de services publics avec la masse industrielle, commerçante et laborieuse, qui fait la force de la population parisienne. Il en résulta que, restées étrangères aux intérêts sociaux, elles n'attirèrent point les regards lorsque la révolution rétablit pour les fonctions municipales le droit d'élection. Les choix se portèrent sur les mêmes classes de personnes qu'autrefois; ce fut un savant modeste et respectable qu'on éleva à la fonction de maire; les députés furent pris parmi les hommes occupés depuis long-temps des intérêts communaux, ou distingués par leurs talents dans les sciences et la magistrature. La république et l'empire n'apportèrent aucun changement à ces dispositions, et la restauration même vit toujours ses intrigues, ses exigences échouer devant l'esprit indépendant et sage des habitants de la capitale. C'est encore ce qui aura

lieu pour la nomination libre aux fonctions municipales, et ceux qui craindraient ou feindraient de
craindre de voir reparaître *la commune de Paris,*
connaissent bien peu les changements qui se sont
opérés dans les idées, dans les existences depuis
ces temps malheureux. L'expérience a fait justice
des sophismes, des théories, des surprises; chacun
aujourd'hui ne se livre à ses passions que jusqu'au
point où elles ne contrarient point ses intérêts. La
révolution de juillet a montré le peuple tel qu'il
est, généreux, confiant, sage; et la classe moyenne
est devenue énergique par le besoin de ne chercher
qu'en elle-même sa conservation et sa force. Les
choix dans la garde nationale, plus multipliés et
plus difficiles que ceux des conseillers municipaux,
se sont tous portés sur les hommes qui possédaient
et méritaient de posséder l'estime publique, et ils
se porteront également pour des fonctions administratives sur des gens de bien déja connus dans
chaque quartier pour s'intéresser aux choses utiles,
pour concevoir de vastes et sages améliorations,
pour les faire prévaloir, pour empêcher du moins
qu'elles ne soient arrêtées comme aujourd'hui par
l'ignorance ou par de petites considérations [1].

[1] Paris est une des villes qui présentent le plus de disparates cho-
quants: de beaux édifices et des quartiers entiers composés de rues
étroites, tortueuses, sales; point d'égouts, point de système d'écoule-
ment des eaux, d'enlèvement des immondices, d'éclairage; deux mille
porteurs d'eau salissant les escaliers et faisant l'office de bêtes de

Le conseil municipal de Paris voudra donner au reste de la France l'exemple d'une administration éclairée, habile, paternelle, digne d'exercer une action qui dans tous les temps ne s'est point bornée à l'enceinte de la capitale, mais étendait plus loin ses effets. Paris fut toujours vis-à-vis du reste de la France ce qu'étaient les habitants d'Olympie chez les Grecs, chargés de conserver les temples de leurs dieux, les statues de leurs grands hommes; mais mieux que ces peuples, ils ont à garder le dépôt des sciences, des lettres et des arts, mieux encore celui des libertés publiques et de la civilisation, qu'ils ont toujours su, qu'ils sauront toujours défendre.

somme, tandis que depuis 18 ans une compagnie sollicite en vain l'autorisation d'élever l'eau et de la distribuer par des tuyaux jusqu'au dernier étage des maisons. Une foule d'autres projets utiles sont enterrés dans les cartons et paralysés par la routine ou l'ignorance.

FIN.

TABLEAU SYNOPTIQUE

DE L'ADMINISTRATION DE LA VILLE DE PARIS, DEPUIS 1789 JUSQU'EN L'AN VIII (FIN DU GOUVERNEMENT DIRECTORIAL).

DATES	TITRES DIVERS de l'administration de la commune de Paris.	AUTORITÉS composant l'administration chargée du gouvernement de Paris.	ORGANISATION de chacune de ces autorités.	MODE de nomination.	OPÉRATIONS confiées à l'administration de la commune de Paris.	RÉPARTITION des travaux administratifs.	ATTRIBUTIONS DES DIVERS DÉPARTEMENTS DE LA MUNICIPALITÉ.	OBSERVATIONS.
1789.	Municipalité provisoire.		[illegible]	[illegible]	[illegible]	[illegible]	[illegible]	[illegible]
		1° Tribunal de ville.	[illegible]	[illegible]	[illegible]			
		2° Chambre de police.	[illegible]	[illegible]	[illegible]			
		3° Bureau de ville.	[illegible]	[illegible]	[illegible]			
		4° Comité des recherches.	[illegible]	[illegible]	[illegible]			
1790.	Municipalité définitive.	Les mêmes.	[illegible]	[illegible]	[illegible]	[illegible]	[illegible]	[illegible]
		Département de Paris: directoire du département.	[illegible]	[illegible]	[illegible]	[illegible]		
		On adjoignit au corps municipal:						
1793. An 3.		2 Agents nationaux.	[illegible]	[illegible]	[illegible]	[illegible]		
An 3.	Commissions nationales (créées par décret du 16 juin).	[illegible]		[illegible]			ATTRIBUTIONS DES COMMISSIONS REMPLAÇANT LA MUNICIPALITÉ. [illegible]	[illegible]
	En exécution de la loi du 14 fructidor an 7.	[illegible]		[illegible]				
		Création de 12 municipalités de Paris.	[illegible]	[illegible]			ATTRIBUTIONS DU BUREAU CENTRAL. [illegible]	[illegible]
		Bureau central.	[illegible]	[illegible]				
An 8.	Suppression des municipalités de Paris.		[illegible]					[illegible]

TABLEAU SYNOPTIQUE
DE L'ADMINISTRATION DE LA COMMUNE DE PARIS, SOUS LE CONSULAT ET L'EMPIRE.

GOUVERNEMENT CONSULAIRE.

ÉPOQUES	TITRE des autorités constituées	ORGANISATION des autorités	MODE de nomination	ATTRIBUTIONS	OBSERVATIONS
An 8	Préfet de la Seine*		par le consul	1° Police générale, administrative, civile, militaire.* 2° Établissements publics. 3° Travaux publics. 4° Instruction publique. 5° Direction administrative des secours publics, des hospices et des prisons. 6° Contributions et comptabilité administrative; rédaction du budget de la ville de Paris. Ventes, marchés et adjudications de travaux sur soumission ou aux enchères, pour le département et la ville de Paris. Réparation, entretien, ameublement de l'hôtel-de-ville et dépendances, et des magasins du mobilier de la ville. Direction des fonds affectés aux dépenses imprévues départementales et municipales. **COMPTABILITÉ COMMUNALE.** Formation des états de distribution; délivrance des mandats de payement; réduction des comptes des fonds provenant de la ville. **OCTROIS, HALLES ET MARCHÉS.** Administration de l'octroi, des droits réunis, des droits de location d'abris dans les halles et marchés, entrepôts des vins et eaux-de-vie, etc. Établissement et entretien des halles, marchés, des magasins de subsistances, etc. Administration de toutes les autres propriétés foncières de la ville. **GRANDE VOIRIE.** Administration de la grande voirie intra muros, les carrières hors et sous Paris, égouts, etc. — Direction des fonds employés aux constructions et réparations y relatives. **PONTS ET CHAUSSÉES ET NAVIGATION.** Pavage de Paris, des boulevards; perception des droits de navigation sur la rivière. Administration générale des travaux relatifs à la distribution des eaux dans Paris, pompes à feu, fontaines, aqueducs de la ville. **HOSPICES ET SECOURS PUBLICS.** Surveillance des hôpitaux, des hospices, des bureaux de bienfaisance, des enfants abandonnés, de la distribution des secours à domicile, du mont de piété, des tontines, des caisses d'épargne, etc.* **PRISONS.** Régime administratif et économique des prisons de Paris; entretien et réparations de ces édifices. **CAISSE MUNICIPALE.** Elle se composait du produit de la recette générale de l'octroi municipal et de bienfaisance, des centimes et autres revenus affectés aux dépenses communales; la recette en était faite par un trésorier de la ville de Paris.	* En l'an 9, passe dans les attributions du préfet de police. * Le préfet était seul chargé de l'administration. * Toutes les tontines étaient régies par une administration prise dans le conseil général municipal de Paris.
	Conseil de préfecture	composé de 5 conseillers	par le consul	avait à prononcer sur: 1° Les demandes en décharge ou réduction de la cote de contribution directe. 2° Les contestations élevées entre les entrepreneurs des travaux publics et l'administration, relativement au sens ou à l'exécution des clauses de leurs marchés; 3° Les réclamations en dommages et intérêts provenant du fait personnel des entrepreneurs et non de l'administration; 4° Les demandes d'indemnités dues aux propriétaires des terrains pris ou fouillés pour la confection des chemins, des canaux et autres ouvrages publics; 5° Les difficultés élevées en matière de grande voirie; 6° Les demandes présentées par la commune pour être autorisée à plaider. [Loi du 28 pluviôse an 8].	
	Conseil général du département	24 membres	par le consul	1° Répartition des contributions directes entre les arrondissements communaux du département; 2° Statuer sur les demandes en dégrèvement faites par les conseils d'arrondissement des villes, bourgs et villages du département; 3° Fixer le nombre des centimes additionnels dont l'imposition serait demandée pour les dépenses du département; 4° Recevoir le compte annuel rendu par le préfet de l'emploi des centimes additionnels destinés à ces dépenses; 5° Donner son avis sur l'état et les besoins du département. *ATTRIBUTIONS DU CONSEIL GÉNÉRAL, faisant les fonctions de Conseil municipal. 1° Entendre et débattre le compte de recettes et dépenses municipales rendu par le maire au préfet chargé de l'arrêter définitivement; 2° Régler la répartition des travaux nécessaires à l'entretien et aux réparations des propriétés à la charge de la commune; 3° Délibérer sur les besoins particuliers et locaux de la municipalité; sur les emprunts, les octrois ou contributions en centimes additionnels nécessaires pour subvenir à ces besoins, sur les procès à intenter ou à soutenir pour l'exercice et la conservation des droits communaux.	* Il ne remplissait ces fonctions que dans la ville de Paris seulement. (28 pluviôse an 8).
	Préfet de police pour l'arrondissement communal de Paris (Ses fonctions étaient remplies par le...)		par le consul	ATTRIBUTIONS SPÉCIALES pour l'administration de la commune de Paris. 1° Les rapports sur la confection, l'adjudication des marchés. 2° Les adjudications relatives au balayage, à l'enlèvement des boues, à l'arrosement, l'illumination. 3° La petite voirie: l'éclairage, le balayage, l'inspection des fosses d'aisance, la surveillance des cimetières, des ateliers qui doivent être placés hors de l'enceinte de Paris, des maisons de santé, etc. 4° Correspondance avec le préfet du département pour les constructions et les réparations des fontaines, aqueducs, pompes à feu, etc. 5° Conservation des monuments publics, tels que les prisons, les hôpitaux, les édifices destinés au culte, etc. 6° Surveillance du corps des pompiers, du magasin des pompes, des réservoirs, etc., de tout ce qui concerne les moyens répressifs à employer contre les incendies. 7° Surveillance des halles et marchés, les magasins de fourrages, la libre circulation des subsistances; l'inspection de la navigation et des ports, du ramonage des bois et charbons, des poids et mesures, de la halle aux grains et farines. 8° Inspection des prisons, maisons de détention, de correction, des maisons publiques. 9° Police de la bourse et de change, des théâtres, de la librairie et de l'imprimerie.	* Le préfet de police exerçait ses fonctions sous la surveillance immédiate des ministres, et correspondait immédiatement avec eux pour ce qui concernait leurs départements respectifs.

GOUVERNEMENT CONSULAIRE.

ÉPOQUES	TITRE des autorités constituées	ORGANISATION des autorités	MODE de nomination	ATTRIBUTIONS	OBSERVATIONS
An 10	Administration des hospices civils et des secours publics	divisée en 3 parties, savoir: 1° les hospices civils, 2° les secours à domicile (1), 3° le bureau de direction des nourrices	nommée par le préfet et composée de 14 membres	Cette administration était confiée au conseil général de préfecture, qui fut chargé de fixer le montant des dépenses, de dresser l'état des recettes, de la gestion des revenus, et de surveiller leur amélioration en les répartissant des hospices. Les ordres du conseil étaient exécutés, savoir: Pour son commissaire administratif, pour les hospices. Par une agence extérieure, pour les secours à domicile. Par un directeur, pour le bureau des nourrices. La commission administrative se composait de 6 membres. L'agence extérieure de 2 membres.	Les hospices civils avaient été précédemment administrés par une commission nommée par le préfet du département. Les secours publics étaient surveillés par un conseil général de bienfaisance, près le ministre de l'intérieur, créé par arrêté des consuls, le 12 fructidor an 8. Il y avait 2 commissaires par arrondissement municipal.
	Régie de l'octroi municipal et de bienfaisance de la commune de Paris	se composait de 5 membres	par le préfet	Veillait à la perception, la répartition des revenus produits par l'octroi.	
	Bureau central (Conservé par la loi du 19 mai an 8.) — Suppression du commissaire du gouvernement près de ce bureau (21 mai an 8.)	composé comme sous le régime directorial	nommé par le consul	Même attribution que sous le régime directorial.	
	Municipalités de Paris	12 municipalités composées chacune d'un maire et de 2 adjoints (28 pluv. an 8)	par le consul	Chargées de la partie administrative et des fonctions relatives à l'état civil.	

GOUVERNEMENT IMPÉRIAL.

ÉPOQUES	TITRE des autorités constituées	ORGANISATION des autorités	MODE de nomination	ATTRIBUTIONS	OBSERVATIONS
An 12	Préfet de la Seine	les mêmes que sous le consulat	par l'empereur	mêmes attributions que sous le régime consulaire	Il fut chargé, en outre, du recouvrement des droits de grande voirie, créés par décret impérial.
	Conseil de préfecture	Idem	Idem	Idem	Idem.
	Conseil général du département	Idem	Idem	Idem	Idem.
	Régie de l'octroi municipal et de bienfaisance	composée de 3 régisseurs		Administrée par le préfet de la Seine, sous l'autorité du ministre des Finances, et sous la surveillance du directeur général de l'administration des droits réunis, ayant le département des octrois. **INSPECTION GÉNÉRALE DES DROITS DE PESAGES À PARIS.** L'exercice de la perception de ces droits, précédemment en régie (1808), fut administré, en 1809, par les préfets de la Seine et de police.	
	Municipalité	12 municipalités, 1 maire, 3 adjoints	par l'empereur, choisis parmi les 500 les plus imposés du département, domiciliés à Paris	Mêmes attributions que sous le gouvernement consulaire.